农产品电子商务实务

主　编　李　斌

副主编　邓　玥

编　者　陈　妮　陈思洋　刘　莎
　　　　刘亭廷　金晓梅　王　赟

北京理工大学出版社
BEIJING INSTITUTE OF TECHNOLOGY PRESS

内 容 提 要

本书用通俗易懂的语言和精准翔实的示范,从农产品电子商务模式与平台、网上开店、农产品摄影、农产品图片美化、网店运营管理、网店客服与管理、电子商务支付与安全、移动电子商务、农产品包装与配送等方面,详细介绍农产品电子商务的操作流程、注意事项和运营技巧。

本书可作为中等职业院校电子商务专业课程的教材,也可作为社会相关职业人员的参考用书。

图书在版编目(C I P)数据

农产品电子商务实务 / 李斌主编. –– 北京:北京理工大学出版社,2017.8(2024.1重印)

ISBN 978 – 7 – 5682 – 4777 – 1

Ⅰ.①农… Ⅱ.①李… Ⅲ.①农产品 – 电子商务 Ⅳ.① F724.72

中国版本图书馆 CIP 数据核字(2017)第 213182 号

责任编辑:陆世立 文案编辑:陆世立
责任校对:周瑞红 责任印制:边心超

出版发行 / 北京理工大学出版社有限责任公司
社　　址 / 北京市丰台区四合庄路 6 号
邮　　编 / 100070
电　　话 / (010)68914026(教材售后服务热线)
　　　　　 (010)68944437(课件资源服务热线)
网　　址 / http://www.bitpress.com.cn

版 印 次 / 2024 年 1 月第 1 版第 3 次印刷
印　　刷 / 定州市新华印刷有限公司
开　　本 / 787 mm×1092 mm　1/16
印　　张 / 14
字　　数 / 287 千字
定　　价 / 49.00 元

前　言

　　随着农业供给侧结构性改革的不断深入和农业现代化建设的不断加快，培育适度经营规模和社会化服务的新型农业经营主体已经成为推动各地现代农业发展的第一要务。当前，在农民专业合作社、家庭农场、种养殖大户、龙头企业等新型经营主体的发展过程中，极其缺乏"爱农业、懂技术、会经营"的新型职业农民，尤其缺乏能从事农产品电子商务的经营型职业农民。

　　农产品电子商务作为帮助传统农民和新型农业经营主体拓宽销售渠道、完善市场网络、带动产业发展、提升品质保障、培育品牌意识的载体，对于各地推进农业现代化建设具有非常重要的意义。党中央、国务院和各部委也先后多次发文要求大力发展农村电子商务，加大农产品电子商务人才的培训力度。

　　目前，电子商务人才培训方面的教材多为学历教育用书，缺少专门为职业农民培训编写的通俗、浅显、易操作的培训教材。本书作者近年来长期致力于农村电子商务人才的培训，在与众多农民学员的教学互动中，了解学员的真实需求和平均文化水平，熟悉学员的思维习惯和学习方式。在本书的编写过程中，作者用通俗易懂的语言、精准翔实的示范，从农产品电子商务模式与平台、网上开店、农产品摄影、农产品图片美化、网店运营管理、网店客服与管理、电子商务支付与安全、移动电子商务、农产品包装与配送等方面，形象直观地讲述农产品电子商务的操作流程、注意事项和运营技巧，具有较强的实用性。

本书共十章，其中第一章由李斌编写，第二章、第八章由邓玥编写，第三章由陈思洋、刘莎编写，第四章由刘亭廷编写，第五章由王赟编写，第六章、第七章由陈妮编写，第九章由陈思洋编写，第十章由金晓梅编写。

在本书的编写过程中，作者参考了国内外相关资料，在此对相关作者表示最真诚的感谢。由于编者水平有限，且编写时间仓促，书中难免有疏漏和不足之处，恳请广大读者批评指正。

李　斌

目 录 CONTENTS

第一章　农村电子商务与农产品电子商务概论‥‥‥‥‥‥‥‥‥‥‥　1

　　第一节　农村电子商务概述‥‥‥‥‥‥‥‥‥‥‥‥‥‥‥‥‥　2

　　第二节　农产品电子商务概述‥‥‥‥‥‥‥‥‥‥‥‥‥‥‥‥　8

第二章　农产品电子商务模式与平台‥‥‥‥‥‥‥‥‥‥‥‥‥‥‥　12

　　第一节　电子商务模式‥‥‥‥‥‥‥‥‥‥‥‥‥‥‥‥‥‥‥　13

　　第二节　中国农村电子商务交易平台‥‥‥‥‥‥‥‥‥‥‥‥‥　17

　　第三节　县域农村电子商务模式‥‥‥‥‥‥‥‥‥‥‥‥‥‥‥　26

第三章　网上开店‥‥‥‥‥‥‥‥‥‥‥‥‥‥‥‥‥‥‥‥‥‥‥　32

　　第一节　境内网店的开店流程‥‥‥‥‥‥‥‥‥‥‥‥‥‥‥‥　33

　　第二节　跨境网店的开店流程‥‥‥‥‥‥‥‥‥‥‥‥‥‥‥‥　45

第四章　农产品摄影‥‥‥‥‥‥‥‥‥‥‥‥‥‥‥‥‥‥‥‥‥‥　53

　　第一节　摄影器材的准备‥‥‥‥‥‥‥‥‥‥‥‥‥‥‥‥‥‥　54

　　第二节　摄影基础知识‥‥‥‥‥‥‥‥‥‥‥‥‥‥‥‥‥‥‥　60

　　第三节　摄影构图与布光‥‥‥‥‥‥‥‥‥‥‥‥‥‥‥‥‥‥　67

　　第四节　农产品的拍摄案例‥‥‥‥‥‥‥‥‥‥‥‥‥‥‥‥‥　70

第五章　农产品图片美化‥‥‥‥‥‥‥‥‥‥‥‥‥‥‥‥‥‥‥‥　76

　　第一节　农产品图片素材规划‥‥‥‥‥‥‥‥‥‥‥‥‥‥‥‥　77

　　第二节　农产品图片后期制作‥‥‥‥‥‥‥‥‥‥‥‥‥‥‥‥　96

第六章　网店运营管理‥‥‥‥‥‥‥‥‥‥‥‥‥‥‥‥‥‥‥‥‥　111

　　第一节　产品上架‥‥‥‥‥‥‥‥‥‥‥‥‥‥‥‥‥‥‥‥‥　112

第二节　网店推广·······················122

第三节　数据管理·······················134

第七章　网店客服与管理···············**145**

第一节　客服售前准备···················146

第二节　客服售中沟通···················157

第三节　客服售后处理···················162

第八章　电子商务支付与安全·············**169**

第一节　电子商务支付···················170

第二节　电子商务安全···················181

第九章　移动电子商务·················**187**

第一节　微信朋友圈营销·················188

第二节　公众号营销·····················193

第十章　农产品包装与配送···············**202**

第一节　农产品包装·····················203

第二节　农产品保鲜·····················209

第三节　农产品配送·····················212

第四节　农产品退换货···················216

第 一 章

农村电子商务与农产品
电子商务概论

农村电子商务作为一种新兴业态，已经渗透到农业产业链的全过程，逐渐改变着中国农村经济发展方式和农民生产生活方式。加快发展农村电子商务，是创新商业模式、推动农村传统市场转型升级、完善农村现代市场体系的必然选择，是提高农民收入、释放农村消费潜力的重要举措，是统筹城乡发展、改善民生的客观要求，是新时期切实帮助贫困农民脱贫致富奔小康的有效手段。

目前，县域农村电子商务一般包括三大体系，即工业品下行体系、农产品上行体系和便民服务体系。在三大体系中，最重要、最核心的体系是农产品上行体系。只有做好农产品上行体系，帮助农民解决"卖难"问题，县域农村电子商务才具有真正的价值和发展的可持续性。

第一节 农村电子商务概述

一、电子商务的含义

随着互联网技术的不断发展，电子商务已经成为人们生产、生活中常见的商业活动。

那么，什么是电子商务？简单来说，凡是通过电子工具完成的商务活动，均可称为电子商务。电子工具是指与互联网连接的电视、计算机、手机等，商务活动是指商品、信息和服务的交流、谈判、交易等活动。也就是说，如果我们通过计算机、手机等电子工具在互联网上完成商品、信息和服务的交流、谈判、交易等活动，那么这些活动就是电子商务。

二、农村电子商务的含义

农村电子商务是指通过互联网平台，为农民提供"三农"信息发布、农副产品销售、生产生活用品和服务选购等服务的电子商务活动。

农村电子商务的内容很多，核心的内容是"工业品下乡"和"农产品进城"两部分。

工业品下乡是指农民通过手机、计算机等工具，在互联网平台上自由选购全国甚至全世界的产品和服务的过程。通过电子商务手段实现工业品下乡，可以克服农村地理位置偏僻、道路交通不便、商业网点不全、商品种类不多的困难，帮助农民足不出户地购买到质优价廉的各种生产、生活用品和服务，从而不断丰富农民和农村的物质文化生活。用李克强总理的话说，就是让农民过上和城里人一样的幸福生活。

农产品进城是指帮助农民通过手机、计算机等工具，在互联网平台上发布农副产品信息、完成农副产品销售活动的过程。通过电子商务手段实现农产品进城，可以克服农村产品信息发布渠道不流畅、市场供求信息不平衡、产品流通环节过多等困难，帮助农民增加农副产品销售渠道、拓展农副产品销售市场、减少农副产品流通环节，从而以更市场化的价格销售出各种农副产品，帮助农民不断增收致富。

三、我国农村电子商务的发展阶段和特点

2015年是中国农村电子商务开始高速发展的一年，有的专家甚至称之为"中国农村电商元年"。回顾中国农村电子商务的发展历史，一般可将其划分为三个阶段。

第一阶段，信息服务阶段（1995—2004年）。其标志性事件是集诚现货网的成立。1995年底，在国家正式启动"金农工程"的基础上，郑州交易所成立了集诚现货网（即中华粮网的前身），以此为标志，我国农业农村电子商务的序幕就此拉开。到2005年，全国农村电子商务网站已经达到2 000个以上，涉农网站达到6 000多个。这一阶段的主要特点是政府主导、国家投入，自上而下，依托官办平台，主要开展农产品信息服务。但实际应用效果差强人意，建成的能力大量闲置，应用程度为初级水平。

第二阶段，在线交易阶段（2005—2014年）。其标志是在农村出现了草根网商。2005年起，在我国东部沿海一些农村中，较早的一批"草根"农民率先尝试，在淘宝网上开网店，并实现了增收。这些农村"草根网商"的成功，不仅让他们自己变身为专职的网商，而且形成示范效应，带动了周围乡亲们纷纷效仿。这也是后来"淘宝村"产生的源头。这一阶段的主要特点是开始出现并迅速发展起市场驱动、自下而上的农村电子商务。但是在随后很长的时间里，它表现为一种市场野蛮生长的过程。

第三阶段，服务体系阶段（2015年至今）。其标志是农村电商县、乡、村三级服务体系的建设。2015年，农村电子商务被誉为电子商务领域的"最后一片蓝海"，也是从这一年开始，我国农村电子商务开始出现许多新现象、新变革。

现阶段，我国农村电子商务凸显出以下四个特点。

1. 政府、电子商务平台和地方服务商同时发力农村电子商务

2015年，商务部主导的电子商务进农村示范县工作强力推进，农业部信息进村入户也树立了一批农村电子商务新标杆，全国供销总社2015年一号文件全面部署系统农村电子商务工作，电子商务精准扶贫工作正式启动并初见成效。与此同时，越来越多的市场主体纷纷看好农村电子商务的"蓝海"市场，和政府一起实实在在加大投入，在越来越多的县城建起电子商务运营服务中心和线上线下为一体的农特产品展示展销中心，在乡、村一级建起具有代购、代销、代服务的电子商务服务站，让更多的农民享受到农村电子商务带来的实惠。从起步最早的赶街、阿里、京东，到后来的供销e家、e邮网、淘实惠、云农场等，一大批老牌、新秀电子商务企业纷纷抢占全国农村电子商务市场。2015年末到2016年初，地方电子商务企业开始瞄准区域农村电子商务市场，纷纷建起PC端、移动端电子商务平台，专做本地区域农村电子商务。

2. 两类电子商务模式开始合流

2015年起，前期政府主导的自上而下式农村电子商务模式和后期市场驱动的自下而上

式农村电子商务模式，已经开始合为一体。这一年，阿里巴巴、京东、赶街等电子商务企业每到一地，一般都会首先与当地政府签订协议，以便有计划、有组织地推进农村电子商务。如果说此前政府与市场主体在农村电子商务中虽有共存，但缺乏合作，那么，2015年农村电子商务在发展动力上最明显的变化就是政府与市场主体间的合作机制开始形成。

3. 农村电子商务覆盖范围迅速扩大

2015年，县域电子商务全面引爆，农村电子商务开始全面采取"整县推进"的方式，大大加快了农村电子商务的覆盖速度。山西乐村淘是一家新建企业，其农村电子商务业务至今已覆盖到22个省、516个县、6万多个村。阿里的村淘业务覆盖区域也已突破了1万个村；京东已在农村招募了12万电子商务信息员。全国各地包括四川在内的西部地区，各地政府纷纷提出三年内农村电子商务覆盖率超过80%的建设目标。

4. 高度重视农村电子商务的基础建设

受农产品本身特性和农村网络、交通、物流等基础设施限制，农村电子商务相对城市电子商务而言具有更大的难度和全新的运作模式。但目前无论是第三方平台"村级站+县级中心+支线物流"的农村电子商务落地模式，还是服务商"园区+平台+培训+体系"的合作模式，或是自营电子商务"渠道拓展+聚合需求+对接品牌+集中促销"的交易模式，新变局下的农村电子商务实践都开始重视电子商务的基础建设，瞄准和真正触及农村电子商务的深层痛点发力。2015年以来，不仅国家出台一系列重磅政策，地方政府也在结合自己的具体情况，针对农村电子商务的基础设施、发展环境和公共服务的需求开始了整体的布局和建设。

四、农村电子商务的作用

电子商务能够有效缩短生产和消费的环节和距离，因此也被称为"直接经济"或"零距离经济"。当电子商务作用于我国农村领域时，也对我国"三农"的发展起到了巨大的促进作用，这些作用主要表现为以下几个方面。

1）**减少生产的盲目性**。农业的市场风险在很大程度上是由农业信息传递速度缓慢、信息准确性差等多种因素引起的生产和经营的盲目性所造成的。农业电子商务能够减少乃至消除农业市场的信息不对称现象，为农户和企业及时地提供全方位的市场信息，有利于企业和农户准确地把握市场需求，使农业的生产行为变得智能、快捷。

2）**降低成本，提高效率**。在农业产业化中导入电子商务，企业通过网络发布信息、处理订单、安排生产、分配资源，供应链中的所有组织几乎可以在"第一时间"内从互联网上获得所需信息，减少了中间商环节，缩短了小农户与大市场之间的距离，与传统的营销手段相比，成本降低、环节减少，交易速度加快，从而节省费用，提高了工作效率和经济效益。同时，电子商务疏通了信息的传输，既提高了信息传输的速度，又拓宽了信息的传输范围，便于买卖双方联系，降低了买卖双方的搜寻费用。

3）打破区域和时间的限制。农村电子商务打破了传统交易中信息传递与交流的时空限制，依赖互联网的交易网络，使农业企业冲破"条块分割"的市场格局，摆脱区域性市场的限制，进入跨地区乃至跨国的网络销售，有利于形成统一有序的大市场，使交易双方的选择性扩展到最大。

4）实现农产品流通的规模化。在农村电子商务中采用网络交易平台，能够将少量的、单独的农产品交易规模化、组织化。农民可能并不是以单个农户或合作社出现，而是将农产品委托给配送中心而由其统一组织销售，交易的一方是农民群体，另一方是企业，双方的地位平等，各自的利益都能够得到充分保证。配送中心对农产品进行统一的质检、分级，明码标价，保证了流通规模化过程中农产品的质量。

5）方便对农民的教育与培训。农村电子商务将使对农民的教育和培训变得更为快捷、方便，更具有针对性，能够让农户了解最新农业生产技术和社会发展动态，不断提高农民的科技文化素质，有利于促进农业新技术在农村的迅速传播，有利于农业产业化不断推广深入。

五、农村电子商务的发展模式和启示

农村电子商务作为一种新型的商品流通模式，虽然发展时间不长，但由于其对我国农村经济带来的巨大影响和促进，目前发展迅速，全国各地不断探索，涌现出不少很有特色的农村电子商务发展模式，可供借鉴和参考。由于目前我国发展农村电子商务的主体是各县级单位，故大多以县域名字来命名县域农村电子商务发展模式。

1. 遂昌模式：电子商务生态重构+农村电子商务先锋

2012年，浙江省遂昌县全县电子商务交易达1.5亿元；2013年1月，淘宝网遂昌馆上线；2014年，"赶街"项目启动，全面激活农村电子商务，初步形成以农特产品为特色、多品类协同发展、城乡互动的县域电子商务"遂昌现象"。在初期的"遂昌现象"之后，遂昌探索的步伐并未停止，逐渐提升为"遂昌模式"，即以本地化电子商务综合服务商作为驱动，带动县域电子商务生态发展，促进地方传统产业特别是农产品加工业，"电子商务综合服务商+网商+传统产业"相互作用，形成信息时代的县域经济发展道路。紧接着，遂昌"赶街"项目的推出，推开了农村电子商务的破局序幕，"赶街"项目的意义在于：打通信息化在农村的"最后一公里"，让农村人享受和城市一样的网购便利与品质生活，让城市人吃上农村放心的农产品，实现城乡一体。

多产品协同上线，以协会打通产业环节，政府政策扶持到位，借助与阿里巴巴的战略合作，依靠服务商与平台、网商、传统产业、政府的有效互动，构建了新型的电子商务生态，可以助力县域电子商务腾飞。

2. 清河模式：摒弃传统+顺势而为

在河北清河，"电商"成了清河县最具特色的商业群体，清河也成了全国最大的羊绒制品网络销售基地。全县淘宝天猫店铺超过2万家，年销售额达15亿元，羊绒纱线销售占淘宝网销售的7成以上，成为名副其实的淘宝县。而在之前的传统产业时代，河北清河羊绒产业在竞争中近乎一败涂地，2007年开始在淘宝网卖羊绒意外成功，随即迅速发展。在基础设施建设方面，该县不断加大力度，目前电子商务产业园、物流产业聚集区及仓储中心等一大批电子商务产业聚集服务平台正在建设之中，清河正在实现由"淘宝村"向"淘宝县"的转型提升。

启 示

在暴发中顺势而为，一是协会+监管+检测，维护正常市场秩序；二是孵化中心+电子商务园区，培训提高，转型升级，全线出击，建成新百丰羊绒（电子）交易中心，吸引国内近200家企业进行羊绒电子交易；三是建立B2C模式的"清河羊绒网"、O2O模式的"百绒汇网"，100多家商户在上面设立了网上店铺；四是实施品牌战略，12个品牌获中国服装成长型品牌，8个品牌获得河北省著名商标，24家羊绒企业跻身"中国羊绒行业百强"。

3. 海宁模式：电子商务倒推产业转型

海宁是全国有名的皮草城，也一直追随网络的步伐推动电子商务发展，到2012年底，海宁网商（B2C/C2C）已经超过10 000家，新增就业岗位40 000余个，网络年销量破百亿大关。目前全市从事电子商务相关企业共有1 500余家，网商达2万家以上，注册天猫店铺780家，占嘉兴市天猫店铺总数的40%以上；上半年，全市实现网络零售额51.98亿元，同比增长11%以上，成功创建"浙江省首批电子商务示范市"和"浙江省电子商务创新样本"，列"2013年中国电子商务发展百佳县"榜单第3位。

启 示

以电子商务推动转型升级，一是引进人才，转换思维（烧钱后的反思）；二是对接平台，整体出击（稳固国内，加强跨境）；三是加强监管，保护品牌；四是园区承载，强化服务（六大园区先后投建）；五是管理提升，升级企业（以现代企业为主体）。

4. 成县模式：借助权威力量，由产品到产业

时任甘肃省成县县委书记李书记，在当地核桃上市前，通过个人微博大力宣传成县核桃，"今年核桃长势很好，欢迎大家来成县吃核桃，我也用微博卖核桃，上海等大城市的人都已开始预订，买点我们成县的核桃吧。"该条微博被网友转评2 000余次。从建立农村电子商务，到微博联系核桃卖家，甚至展示成县核桃的多种吃法，在之后的日子里，该书记的微博内容没有一天不提到核桃，被网友戏称为"核桃书记"。在县委书记的带动下，全县干部开微博，卖核桃，成立电子商务协会，还是卖核桃，夏季卖的是鲜核桃，冬季卖的是干核桃，正在上线核桃加工品，以核桃为单品突破，打通整条电子商务产业链，再逐次推动其他农产品电子商务。

启 示

　　一是将电子商务作为一把手工程，主导电子商务开局；二是集中打造一个产品，由点到面；三是集中全县人力、物力，全力突破。

5. 通榆模式：政府牵头，品牌先行

吉林省通榆县是典型的农业大县，农产品丰富，但受限于人才、物流等种种因素。通榆政府根据自身情况积极"引进外援"，与杭州常春藤实业有限公司开展系统性合作，为通榆农产品量身打造"三千禾"品牌；同时配套建立电子商务公司、绿色食品园区、线下展销店等，初期与网上超市"1号店"签订原产地直销战略合作协议，通过"1号店"等优质电子商务渠道销售到全国各地，后期开展全网营销，借助电子商务全面实施"原产地直销"计划，把本地农产品卖往全国。值得一提的是，为解决消费者对农产品的疑虑，通榆县委书记和县长联名写了一封面向全国消费者的信——"致淘宝网民的一封公开信"，挂在淘宝聚划算网站的首页，这一诚恳、亲民的做法赢得了网友的一致称赞，很大程度上提升了消费者对通榆农产品的信任感。

启 示

　　政府整合当地农产品资源，系统性委托给具有实力的大企业进行包装、营销和线上运营，地方政府、农户、电子商务企业、消费者及平台共同创造并分享价值，既满足了各方的价值需求，同时带动了县域经济的发展。

6. 武功模式：从县域电子商务到电子商务经济的跨越

陕西省武功县是传统农业县，本身并无多少有品牌和特点的农副产品。为解决这一难题，武功县政府积极发展电子商务，探索"买西北、卖全国"的模式，立足武

功，联动陕西，辐射西北，面向丝绸之路经济带，将武功打造成为陕西农村电子商务人才培训地、农村电子商务企业聚集地、农产品物流集散地。武功县目前已经成为陕西省电子商务示范县，先后吸引"西域美农"、赶集网等20多家电子商务企业入驻发展，300多个网店相继上线，全县日成交量超万单，日交易额达100多万元；10余家快递公司先后落地，农村电子商务试点在14个村全面启动，让电子商务真正走进农村、惠及百姓。

启示

一套领导机构，两个协会统筹协调，把握运营中心、物流体系、扶持机制三个关键，搭建电子商务孵化中心、产品检测中心、数据保障中心、农产品健康指导实验室四大平台，实施免费注册、免费提供办公场所、免费提供货源信息、个体网店免费上传产品、免费培训人员、在县城免费提供Wi-Fi等"六免"政策。

农村电子商务方兴未艾，四川也有许多地方正在探索和完善具有地域特色的县域农村电子商务发展模式，如供销社牵头整合县域行政资源和社会资源的泸县模式、以特色农产品（柠檬）引领电子商务发展的安岳模式、整合乡村物流资源的青川模式、以乡村旅游带动农村电子商务发展的崇州模式等。

第二节　农产品电子商务概述

一、农产品电子商务的含义

农产品电子商务，是指利用电子商务等现代信息技术和商务手段，完成农产品生产、储存、销售等环节的商务活动。农产品电子商务是利用先进的信息技术来改善和转变农产品商务活动的途径，包含农产品电子商务信息流（农业相关资讯、供求信息、市场行情等）、农产品电子商务物流（农产品的网络销售渠道、农产品储存及配送体系等）、农产品电子商务资金流（电子合同、农产品买卖交易资金的电子支付等），涵盖农产品从种植、收获、加工到消费者手中的全部过程。

二、国外农产品电子商务发展概况

农产品电子商务发展至今已有40年历史了，经历了从20世纪70年代使用电话作为交流工具的初级电子商务、90年代利用计算机进行的网上交易到21世纪以来使用卫星技术、互联网等电子网络进行的电子商务贸易，这是电子商务发展的最高阶段。目前，发达国家由于电子商务和农业信息技术的普及，农产品电子商务模式发展很迅速。

1. 美国

美国作为信息化程度较高的国家之一，最早开展了农产品电子商务，并且一直是该领域的领头羊，其中互联网在这个过程中扮演了很重要的角色。目前，美国的大型农产品网站超过了400个，除了这些专业的网络公司，美国的特大农产品企业也都在发展自己的农产品电子商务。进入21世纪以来，美国农产品电子商务的基础稳步提升，随着光缆、卫星和无线上网等方式的普及，农户使用计算机和互联网的程度在逐步提高。其中使用计算机开展农场业务的农场比例由2001年的29%提升到了2011年的37%，互联网的使用比例由43%提升到了62%。除了信息技术建设的不断完善，美国还有着世界上最大的农产品期货交易所——芝加哥期货交易所。这里提供农产品贸易中最权威的价格，交易双方可以从这里获取市场行情等信息，并通过期货市场规避价格风险，促进了农产品电子商务的发展。

2. 英国

英国农产品电子商务化程度也很高。1966年建立的FarmingOnline是第一个提供农产品互联网服务的电子市场，其后各种农产品网站相继诞生。建立于2000年的Farmer's Market是英国第一个农产品电子商务网站。根据英国环境食品和农村事务部公布的数据显示：①在农户使用方面：2012年86%的农场加入了该网站，比2008年的74%增加了12%；2012年大农场的计算机联网率达到了98%。②在农场业务方面：2012年英国现有农业企业中有90%的农业企业会在农场使用计算机参与到电子商务业务中来，同时有5%的农场拥有计算机但不用于农场的电子商务业务，这主要是由农户的年龄和农场的规模所致；在使用计算机进行农场电子商务业务的企业中，有77%可以获得高速的宽带连接；对于那些拥有年轻的农业劳动者或是高经济效益的公司，更可能使用办公软件、电子邮件、网络搜索等网络服务。以上数据表明英国农场信息化接入水平在不断提高，同时也可看出计算机的使用率和互联网的普及程度与农场的规模及劳动者的年龄密切相关。尽管英国在农产品专业化和一体化服务方面与美国还有一定的差距，但其立足于欧洲的一些B2B网站也打造出了很好的品牌效应，人气很旺。

3. 日本

日本近年来在农产品电子商务领域发展很快。日本的农产品电子商务形式主要包括以下四种。

1）**农产品批发市场电子商务模式。** 这种形式使用现代化电子设备进行拍卖交易，买卖双方将结算业务委托第三方处理，农产品多按既有商品规格标准进行包装交易。

2）**含有农产品销售的网上交易市场。** 这种形式的特点是用户广泛、销售方式灵活。

3）**含有农产品销售的网上超市。** 这种形式近期发展很快，分为实体店铺和虚拟网上店铺。

4）**农产品电子交易所。** 通过交易所的形式，可以使农产品信息公开、价格比较稳定，同时拍卖的形式不但节约了成本，而且提高了交易效率。

日本政府于1997年制定了生鲜食品电子交易标准，包括生产资料的订货、发货、结算等标准，并对日本各地的批发市场进行了电子化交易的改造。这样交易双方只需掌握农产品的规格和数量就能全面了解农产品的信息，节约了交易成本。

4. 其他发达国家

除美国、英国、日本外，农产品电子商务的研究与发展在其他发达国家也得到了各方面的重视。加拿大通过使用计算机网络、3S技术（即遥感技术、全球定位系统和地理信息系统）等现代信息技术来健全农业信息体系，同时设立农业信息服务中心，无偿向农产品生产者、销售商提供农业法规、经营管理及农产品供求趋势等信息服务。世界第三大农产品出口国荷兰，凭借全国统一的农产品标准和发达的农产品物流体系，在农产品电子商务方面开展农产品电子拍卖。韩国在发展农产品电子商务方面积极培训农民使用网络，减少了交易成本，提高了农产品流通速度。

三、我国农产品电子商务发展历程

20世纪90年代中期，我国农产品电子商务网站日益发展起来。政府与众多企业都注意到电子商务领域是最后一块尚未开发的净土。目前，全国涉农网站已经超过了3万家，其中，涉及农产品电子商务的网站占了很大比例。国内30多个省级政府都建立了本地的农业信息网，从农业部到各个基层也大多开通了农产品的"网上展厅"，使用多种文字展示各地名优特新产品。商务部于2006年启动了农村商务信息服务，开通了新农村商务网，以公共服务的形式为广大农民提供农产品流通的相关信息，同时免费为农民发布产品销售信息，为销售双方提供信息对接服务。新农村商务网自开通以来，累计访问量已超过40亿人次，发出新闻、市场等多类信息1 200多万条，累计促进农产品销售1 600多万吨，解答农民在农产品流通方面的各类问题9万余人次。我国农产品电子商务的发展大致经历了四个阶段。

第一阶段（1995—2005年）：起步阶段。 1995年12月郑州商品交易所集诚现货网开始在网上售卖粮食，2000年中华粮网（更名）成立，2005年10月网站又开始进行中央储备粮的销售。1999年全国棉花交易市场成立，G2C模式正式在我国市场上线，政府委托电子商务平台通过竞卖交易方式累计采购和抛售国家政策性棉花近2 000万吨，成交金额近4 000亿元。

第二阶段（2005—2012年）：快速发展阶段。在这一阶段，出现了专门针对小众市场的各类生鲜产品销售的电子商务企业。这段时期，由于国内频发食品安全事件，消费者更加注重食品的品质和安全，这类电子商务也如雨后春笋般涌现。但大量的商家进入，导致市场过快饱和，许多电子商务企业照搬其他同行的模式，缺乏创新意识和突破，最终倒闭。

第三阶段（2012—2013年）："大洗牌"阶段。当时刚成立一年的生鲜电子商务"本来生活"凭"褚橙进京""京城荔枝大战"两大事件红极一时，使生鲜电子商务再度引起人们热议。移动互联网的发展也让生鲜电子商务参与者们探索不同的经营模式，出现了许多手机终端电子商务平台。但同时，生鲜电子商务的竞争也越发激烈，如2013年年初北京"优菜网"破产转让、上海"天鲜配"被下线等。

第四阶段（2013年至今）：创新发展阶段。以"顺丰优选""1号生鲜""本来生活""沱沱工社""美味七七""甫田"和"菜管家"等为代表的第三阶段创业的生鲜商家，获得了强大的资金注入，而且每个企业都有各自的行业资源优势。在这期间，B2C、C2C、C2B、O2O等各种模式竞相推出，越来越多的网络工具出现，如宽带电信网、数字电视网、云计算、大数据及微博、微信等，为各商家提供了更多的选择。

第二章

农产品电子商务模式与平台

近年来，随着农业产业化的发展，优质农产品需要寻求更广阔的市场。传统的农产品销售方式难以在消费者心中建立起安全信誉，也难以确保生态农业基地生产的优质农产品的价值，很多特色农产品也仅仅局限在产地，无法进入大市场、大流通，致使生产与销售脱节，消费引导生产的功能不能实现，农业结构调整、农民增收困难重重。

基于此现状，选择合适的农产品电子商务运作模式及农产品电子商务交易平台，成为新农人的当务之急。电子商务模式与平台的正确选择不仅能引领我国传统农业向"信息化""标准化""品牌化"的现代农业转变，而且将促进特色农产品走向"高端"发展路线。

第一节 电子商务模式

电子商务模式，指在网络环境中基于一定技术基础的商务运作方式和盈利模式。研究和分析电子商务模式的分类体系，有助于挖掘新的电子商务模式，为电子商务模式创新提供途径，也有助于企业制定特定的电子商务策略和实施步骤。

在2011年之前，电子商务以PC端网络环境为主，移动端网购交易额在网购总交易额的占比仅为1.5%。随后伴随着智能手机的普及和电子商务企业积极布局移动端，移动端网购呈现几何式增长。2015年"双11"天猫实现交易额912.17亿元，其中移动端交易额为626亿元，占比高达68.63%，淘宝"双12"移动端成交占比则达到了45.8%。目前，大部分新兴电子商务企业已经把业务逐渐放在移动端，PC端只提供展示和APP下载功能。

目前在PC端和移动端网络环境中常见的电子商务运作模式有以下几种。

一、B2B模式

B2B（Business to Business，企业到企业）电子商务是指以企业为主体，在企业之间进行的电子商务活动，即进行电子商务交易的供需双方都是商家（或企业、公司），他们使用Internet的技术或各种商务网络平台，完成商务交易的过程。B2B电子商务将会为企业带来更低的价格、更高的生产率、更低的劳动成本以及更多的商业机会。其代表是阿里巴巴B2B网站，如图2-1所示。

图2-1 阿里巴巴B2B网站

二、B2C模式

B2C（Business to Customer，企业到消费者）就是企业通过网络销售产品或服务给个人消费者，即企业通过互联网为消费者提供一个新型的购物环境——网上商店，企业与消费者之间的电子商务通过网络实现。这种模式节省了客户和企业的时间和空间，大大提高了交易效率，特别对于工作忙碌的上班族，这种模式可以为其节省宝贵的时间。其代表是京东商城（见图2-2）、天猫商城、亚马逊、苏宁易购、当当网、1号店等网站。

图2-2　京东B2C网站

三、C2C模式

C2C（Consumer to Consumer，消费者到消费者）是指消费者与消费者之间的互动交易行为，即通过为买卖双方提供一个在线交易平台，使卖方可以主动提供商品上网拍卖，而买方可以自行选择商品进行竞价。其代表是eBay、淘宝网、拍拍网等网站，如图2-3所示。

C2C的一般运作流程：卖方将欲卖的货品登记在社群服务器上→买方通过入口网页服务器得到货品资料→买方检查卖方的信用度后选择欲购买的货品→通过管理交易的平台分别完成资料记录→买方与卖方进行收付款交易→通过网站的物流运送机制将货品送到买方。

图2-3　淘宝C2C网站——特色中国专区

四、C2B模式

C2B（Customer to Business，消费者到企业）团购模式的核心是，通过聚合分散分布但数量庞大的用户形成一个强大的采购集团，以此来改变B2C模式中用户一对一出价的弱势地位，使之享受到以大批发商的价格买单件商品的利益。C2B应该先有消费者需求产生，而后有企业生产，即企业按需组织生产。通常情况，在C2B模式下，消费者根据自身需求定制产品和价格，或主动参与产品设计、生产和定价，产品、价格等彰显消费者的个性化需求，生产者进行定制化生产。其代表是聚划算、拼多多、拼好货（见图2-4）等网站。

图2-4　拼好货C2B网站

五、O2O模式

O2O（Online and Offline，线上和线下）是指将线下的商机与互联网结合，让互联网成为线下交易的前台。这个概念最早来源于美国，只要产业链中既可涉及线上，又可涉及线下，就可通称为O2O。

O2O模式分两种：一种是把消费者从线上带到线下消费，另一种是把线下的群体带到线上消费。第一种O2O是指把线上的消费者带到现实的商店中去，在线上支付购买线下的商品和服务，再到线下去享受服务。目前非常流行的团购就是这种模式，如美团网、糯米网、大众点评网、携程旅游网、去哪儿网、赶集网、钻石小鸟（见图2-5）等就是典型代表。第二种O2O是指把线下实体店的消费者带到线上商城，在线下获知商品外观、质量、规格、价格等信息，在线上以优惠的价格下单购买。例如，国美在线、苏宁易购就是在实体店的基础上打造的线上商城，线上、线下互为辅助，共同赢得市场。

图2-5　钻石小鸟O2O网站

目前，O2O模式是农产品电子商务市场的首选商业模式。2014年是中国O2O的爆发之年，各大电子商务企业纷纷全面布局O2O的格局。在实际的商业运作过程中，单纯地采用一种商业模式极具风险性，并且单一的O2O、B2C或C2B可能无法完全满足市场的需要，恰恰是混合式的"O2O+B2C""O2O+C2B""线下目录销售+B2C+O2O"等模式更适合市场需求。

第二节　中国农村电子商务交易平台

农村电子商务参与抢滩的电子商务企业包括大家熟知的电子商务平台（如淘宝、天猫、京东、1号店、苏宁等），还有农产品电子商务企业自建的电子商务平台，以及各地政府机构组织打造的特色农产品电子商务平台，越来越多的针对农村的电子商务平台正在兴起并被消费者熟悉。

2015年，农村地区网购交易额达到3 530亿元，同比增长了96%。随着政府推动和社会资本的介入，农村电子商务发展迅猛。到目前为止，我国共有涉农网站3万多家，其中电子商务网站3 000多家，大部分交易都出自淘宝、京东、苏宁之类的知名电子商务平台。目前农产品网络零售额达到1 505亿元，发展农村网民达到5 659万人，新增网店达到118万家，在全国1 000个县已经建成了25万个电子商务村级服务点。

一、第三方电子商务平台

根据艾瑞咨询最新统计数据显示，目前，位于B2C和C2C网络购物格局前几位的分别是淘宝、京东、亚马逊、当当、1号店等。基于淘宝网庞大的用户基础，天猫商城交易规模占据B2C市场的5成市场份额。京东商城则领跑自营为主的B2C企业，市场份额达到21.2%。C2C市场则几乎被淘宝网垄断，如图2-6所示。

目前国内B2C网站分为三类：开放型平台（如天猫、京东、亚马逊、当当）、垂直类电子商务（如易迅、好乐买、红孩子、新蛋）和传统电子商务（如国美、苏宁）。总体来看，电子商务平台化、集中化越来越明显，小的B2C在弱化，未来是电子商务巨头直接竞争的趋势。

新农人借助第三方平台，可以直接利用它们庞大的现成的用户资源，帮助企业节省自建和维护电子商务平台网站的费用和长期推广费用，而且可以获得平台巨大的客户流量、信用体系、支付体系等。

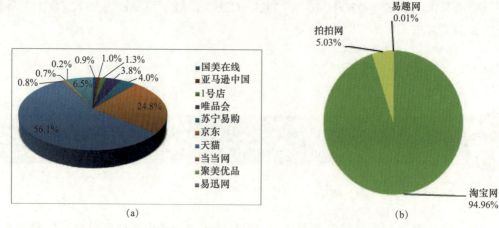

图2-6　B2C/C2C交易网站市场份额

（a）B2C交易网站市场份额；（b）C2C交易网站市场份额

（一）阿里巴巴集团电子商务平台（淘宝网、天猫、聚划算、阿里巴巴1688）

据阿里巴巴研究院统计，2015年农产品的销售额为695.50亿元，其中阿里巴巴零售平台（淘宝、天猫、聚划算）占比95.31%，1688平台占比4.69%。其中零食、坚果、特产占比最大，约为30.48%，水产肉类蔬果占比19.40%，茶叶冲饮占比18.60%。截至2015年，阿里巴巴平台上经营农产品的卖家数量超过90万个，其中零售平台占比97.73%，1688平台占比约为2.27%。近年来，阿里巴巴零售平台上涌现了大量优秀的农产品卖家，如"三只松鼠"（见图2-7）、"新农哥""三千禾""哈哈农场""百谷一品""尚作有机""云上古村"等。

图2-7　三千禾天猫店铺

阿里巴巴集团旗下的农产品电子商务的布局，经历了从"特色中国"，到后来的"淘宝村"，再到现在的"农村淘宝"的历程，可谓是逐步升级，如图2-8所示。

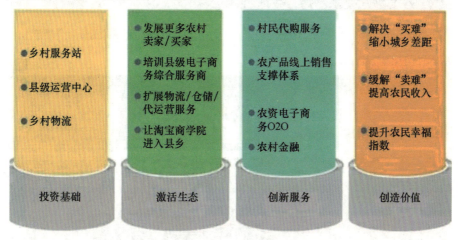

图2-8　阿里巴巴集团农村战略的四大要点

1）"**特色中国**"，是让农民把零星的特色产品搬到网上，把货在淘宝上的"特色中国"专区卖出去，类似"让一部分人先富起来"。

2）"**淘宝村**"，是在村里形成产业，通过借助于淘宝网开网店做服务，然后进一步拉动本地产业化，带动淘宝村的发展。2009年只有3个淘宝村，2013年达到20个，2014年达到212个，到2015年淘宝村已经突破780个。

3）"**农村淘宝**"，实现的是农村电子商务的基础建设，将实现"共同致富"。截至2015年12月9日，农村淘宝在22个省份202个县落地，超过1万个村级服务站，成为国内农村地区影响最大的电子商务平台。未来3年，阿里巴巴还将培养20万农村青年回家创业，通过农村淘宝搭建县村两级服务网络，实现"网货下乡"和"农产品进城"的双向流通功能。

4）"**千县万村**"计划。2014年9月，阿里巴巴集团上市后宣布将在未来的3～5年之内，投资100亿元，建立一个覆盖1 000个县、10万个行政村的农村电子商务服务体系。同一年内已覆盖全国27个省6 000多个村，发展了近万名返乡青年成为农村淘宝合伙人。2015年5月起，阿里巴巴集团启动了农村淘宝的"2.0"模式，合作伙伴从非专业化的小卖部，转变成为专业化的"农村淘宝合伙人"，阿里巴巴计划在未来发展10万名合伙人。

（二）京东

2015年，京东集团首席执行官提出京东农村电子商务未来发展的"3F战略"，包括工业品进农村战略（Factory to Country）、农村金融战略（Finance to Country）和生鲜电子商务战略（Farm to Table），如图2-9和图2-10所示。

图2-9　京东地方特色馆

图2-10　京东自营生鲜业务

1）工业品进农村战略是指京东集团将通过提升面向农村的物流体系，让农民购买到化肥、农药等农资商品及手机、家电、日用百货等工业商品。

2）农村金融战略是指通过京东白条、小额信贷等创新金融产品，帮助农民解决借钱难、贷款难、成本高等难题。

3）生鲜电子商务战略是指京东将通过大数据等技术，将农民的农产品种植与城市消费者的农产品需求进行高效对接，将农产品从田间地头直接送到城里人的餐桌。

京东布局农村电子商务的网络由京东自营县级服务中心、合作乡村合作点和乡村推广员及整合社会资源"京东帮"服务店等组成。截至2015年9月，京东自营的县级服务中心已突破600家，招募乡村推广员近10万人；与此同时，整合了大量社会资源的京东帮服务店也已超过1 000家且其服务范围覆盖近30万个行政村。此外，京东的自营农资频道已与多家农资知名企业合作，为农民提供种子、化肥、农药、农具等农资网购服务。农民不仅可享受农资送货上门服务，而且可使用分期付款、京东农资白条和保险等金融服务，还可免费接受专家线上线下的一对一农业技术指导。今后，京东将尝试利用农资销售平台和乡村推广员体系，从种子、化肥和农药的销售到日常使用，严控农产品的品质，为食品安全问题的解决贡献更多思路；同时，充分挖掘京东大数据的潜力，实现农业生产的产销对接、以销定产等，解决产销信息不对称和农产品滞销难题，推动中国农村经济实现突破式大发展。

（三）1号店

1号店于2013年底开始筹备"特产中国"（见图2-11）项目，2014年5月6日，随着浙江省供销社10个县级特产馆同时开馆，特产中国频道正式上线运营。1号店"特产中国"频道通过与政府、科研机构、商家多方合作，开设以县为单位的地方馆，挖掘地域特色显著，将安全、新鲜、优质的农产品推荐给全国的消费者。

图2-11　1号店"特产中国"

截至2015年春节前，1号店"特产中国"项目完成了遍布全国各地的70多个地方特产馆的开设，其中县级馆达64个。同时，1号店"特产中国"项目已经与浙江省供销社、黑龙江省商务厅、吉林省商务厅、安徽省农业委员会等地方政府部门达成全面合作。2015年在加快这几个省份地方特产馆开发速度的同时，1号店将着重开发一批核心地方特产馆，与之进行更加深入、更具目标性的合作，让全球特产走进千家万户，让消费者真正享受到互联网时代"足不出户吃遍全球"的便捷。

（四）苏宁易购

2013年，拥有实体零售渠道优势的苏宁，将原先三四级市场的代购点、售后服务网点等进行升级改造，变为集销售、物流、售后、客服等功能为一体的苏宁易购服务站，目前这样的服务站在全国已经有1 000多家。

2015年5月25日，苏宁易购"中华特色馆"正式上线运营，这是苏宁联合地方特色商家共同打造的实现地区美食、特色工艺品、旅游等项目在线销售的地方特色专业市场，如图2-12所示。首批上线仅有10个地方馆，以干货、零食、粮油生鲜、老字号品牌为主，后期逐步扩充至全国20多个省份百余个城市，品类主要为传统滋补营养品、特色手工艺、家居饰品、茶/咖啡/冲饮、酒类、旅行项目等。苏宁易购"中华特色馆"的上线，打破区域化的限制，让地方名特产通过互联网的渠道走向全国。此外，苏宁易购打造的"中华特色馆"，也契合了地方政府推进"互联网+"的行动计划，有利于打造地方特色的经济发展新引擎。

图2-12　苏宁易购"中华特色馆"

二、企业自建电子商务平台

农商企业自建电子商务平台的可扩展性更高，自由灵活，网站空间和容量等不受限制，可以展示更多的商品，提供更好的用户体验，可以结合用户的特点，贴合用户使用及消费习惯，提供个性化服务。但是，自建平台需要专业的运营维护团队，需要投入较高的人力、资金成本，而且自建B2C网站很难做到足够的客流支撑，自建商场初期可信度低，要打响知名度，需要投入大量广告宣传，所以在每个领域和每个品类，最多也就两三家企业能够存活发展下去。企业要根据自身情况，合理地去选择适合企业的平台，这样才能不断在降低运营成本、扩大市场占有率、提高销售额、提高用户体验、完善售后服务等方面有所发展，进而促进企业更快、更好地发展壮大。

（一）优菜网

优菜网于2010年在北京上线，是中国生鲜电子商务行业的开创者之一，以"为耕者谋利，为食者造福，为商者服务"为宗旨，致力于成为中国最具活力的农产品产地直供电子商务平台，被《互联网周刊》评为2015中国"最具生命力的生鲜电商"，如图2-13所示。

图2-13　优菜网自建购物平台

自2014年开始，优菜网全面转型为全国性、多地性的农产品电子商务平台，产品覆盖水果、蔬菜、粮油副食、肉禽蛋奶、水产海鲜、休闲食品等多个品类。优菜网是"像送牛奶一样送菜"模式的创造者，通过预订、定时配送和集中配送等低成本运作方式，让低客单价的生鲜电子商务成为可能。例如，通过优菜网，广大办公室人员能在上班时间买菜，而在下班时，菜已经放在家门口了，大大方便了生活。

优菜网坚持产地直供原则，在全国首家推出平台不加价模式，把产品品质和信任作为最核心的理念。优菜网不赚差价，彻底减除中间环节，为消费者打造一个安全放心的产地直购平台。

（二）易果生鲜网

成立于2005年的上海易果电子商务有限公司（见图2-14）搭建的悠悦会——综合食

品服务网络平台，致力于推广安全、健康的食品文化，营造和谐、环保的品质生活氛围。以"安全""美味"为准则，悠悦会以专业买手的身份，精挑细选，逐步建立"易果""原膳""乐醇""锦色"等品牌，覆盖中国人饮食结构的主要部分；同时，以上海、北京为圆心，建立起全国定时冷链配送网络，将"新鲜美味"延伸至客户餐桌。

图2-14　易果生鲜自建购物平台

丰富经验、专业水准和强烈的社会责任感，让悠悦会在高端客户群中享有良好口碑，这是悠悦会诚实经营、永续发展的创办理念的体现，更是为客户提供优质服务的根本保障。悠悦会团队坚持：我们的所有努力，都为了您能够——"悠享安心美食，品味生活之悦"。

（三）顺丰优选

顺丰速运集团（以下简称顺丰）于1993年成立于深圳，目前拥有10万员工，年销售额120亿元，位于民营快递之首。顺丰目前已建立2 200多个营业网点，除覆盖中国大陆近250个城市和1 300个县级市、镇外，顺丰同时开通新加坡、韩国、日本、美国等国家的快递业务。顺丰优选是由顺丰倾力打造的以全球优质安全美食为主的网购商城，如图2-15所示。网站于2012年5月31日正式上线，目前网站商品数量超过1万余种，其中70%均为进口食品，采自全球60多个国家和地区，全面覆盖生鲜食品、母婴食品、酒水饮料、营养保健、休闲食品、粮油副食、冲调茶饮及美食用品等品类，致力于成为用户购买优质、安全美食及分享美食文化的首选平台。

图2-15　顺丰优选自建企业平台

（四）中粮我买网

中粮集团有限公司（以下简称中粮集团）成立于1949年，经过多年的努力，已从最初的粮油食品贸易公司发展成为中国领先的农产品、食品领域多元化产品和服务供应商，致力打造从田间到餐桌的全产业链粮油食品企业，简述全服链的城市综合体。

中粮我买网是中粮集团于2009年投资创办的食品类B2C电子商务网站（见图2-16），是中粮集团"从田间到餐桌"的"全产业链"战略的重要出口之一。该网站不仅经营中粮集团制造的所有食品类产品，还优选、精选国内各种优质食品及酒水饮料，囊括全球美食与地方特产，是居家生活、办公室人员和年轻一族首选的"食品网购专家"。

图2-16　中粮集团自建购物平台

中粮我买网拥有完善的质量安全管理体系和高效的仓储配送团队，以提供安全、放心、营养、健康的食品和高质量的购物服务为己任，致力于打造全国领先的安全优质、独具特色的食品购物网站。

（五）供销e家

"供销e家"是由全国供销总社打造的专业型电子商务平台，于2015年9月26日上线试运行，如图2-17所示。"供销e家"遵循"交易和服务并重"的原则，除提供多种交易功能外，正逐步增加农村电子商务综合服务功能。在交易功能方面，"供销e家"重点围绕农产品、农业生产资料、日用消费品和再生资源回收利用等供销合作社传统经营业务，采用B2B大宗和批发交易、B2C零售交易、O2O在线业务等交易形式，实现一网多用、综合经营。

图2-17　自建购物平台

在服务功能方面，"供销e家"主要包括支付预算、金融服务、物流服务、质量认证和产地追溯等功能，为系统内企业、农民合作社、专业大户、家庭农场等提供全方位的电子商务基础服务。质量认证追溯体系和诚信体系是"供销e家"平台保证产品质量的核心体系。

第三节　县域农村电子商务模式

如果说2014年是生鲜电子商务（独立B2C平台）的元年，那么2015年则是农村电子商务的元年。两者的区别在于前者偏重企业独立的市场化运作，靠的是资本推动；后者偏重

于县域政府的主导和支持，靠的是政府的公信力和推动力，但依然依赖第三方电子商务平台运营。目前，县域农村电子商务已经形成了几种比较成功的模式。

一、遂昌模式：走平台化道路

遂昌县属浙江省丽水市，山地占总面积的88%，素有"九山半水半分田"之称，是一个典型的山地县。所以，遂昌的工业经济水平一般，以农业经济为主，这里农林特色产品丰富，盛产农林产品竹炭、烤薯、菊米、笋干等。

遂昌县聚集了几千家网店，在此基础上诞生了围绕农产品电子商务的"生产方+服务商+网络分销商"的遂昌模式（见图2-18），其特色之一是搭建地方性的农产品公共服务平台。到2014年，遂昌县以农林产品为主的电子商务交易规模已达5.3亿元。此外，农产品电子商务还带动了涉农旅游消费。全县2014年"农家乐"接待游客达到262.95万人次，经营收入2.66亿元。其特色之二是名为"赶街"的新农村电子商务服务站，如图2-19所示。目前，遂昌县已有210个"赶街"服务站，实现了全县行政村全覆盖，每月提供服务近万次，部分村服务站单月代购额高达9万元，全县每月共为村民节省资金数十万元。截至2015年，"赶街"项目计划覆盖200个县，建设村级服务站2万个。

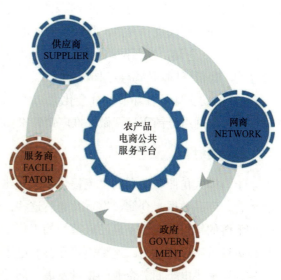

图2-18　遂昌模式——"生产方+服务商+网络分销商"

图2-19　赶街平台

1. 关键特点

遂昌模式的核心是"服务商",即"遂昌网商协会"下属的"网店服务中心",属于半公益性质。其核心业务有三方面:整合可售货源、组织网络分销商群(以当地网商为主)、统一仓储及发货服务。

"网店服务中心"在遂昌农产品电商化的过程中起了非常重要的作用。

1)制定并推行了农林产品的产销标准。这使得杂乱无章的"农产品"向"商品"变身有了规范,使"买、卖、管"三方的沟通有了依据。

2)直接或通过农村合作组织间接地推动农户及加工企业按照上述标准去生产和加工,提升了当地网货的质量。

3)在县里设立了"产品展厅"和"网络分销平台",统一制作商品的数据包,用于支撑网上分销商选货和网销,降低了网商的技术门槛。

4)统一仓储,按照网络分销商们获得的订单统一发货并提供售后服务,实现了零库存经营,降低了网商的资金门槛。

5)推动实现了各环节的社会化大协作:农户、合作社只管做好生产,加工企业只管做好加工,网络分销商只管做好推广销售工作。

2. 模仿提示

遂昌模式仿照工业上的"流程化"模式建立起了农林产品的社会化大协作,自己把货源整合、商品数据、仓储、发货及售后这些比较琐碎复杂的工作承担起来,让上游的生产端和下游的销售端专注于自己最擅长的工作,不用操心全产业链的事,提升了当地电商的整体运行效率和竞争力。这种模式在县域电子商务的发展初期具有效率高的优势,特别适合推动当地小电子商务企业的批量发展。问题是,"网商服务中心"是整个遂昌电子商务链条上的"单一故障点",一旦这个环节出了问题,上下游都会受到很大的影响,甚至整个链条可能停止运行。

3. 适用地域

此模式比较适合电子商务基础弱、小品牌多、小网商多的区域。

二、成县模式:走资源整合道路

成县位于甘肃省陇南市,这里属于嘉陵江水系,山清水秀,山地较多,农林产品丰富,有大约50万亩的核桃林。成县这几年比较出名,不是因为成县是"国家级贫困县",主要是因为"核桃书记"李书记(当地的县委书记)带领当地四大班子成员、乡村干部一起用微博、微信推动当地的优质核桃网销。

成县的电子商务化模式很简单，在政府的支持和推动下，成立电子商务协会，主打产品有核桃、土蜂蜜等地方特产，依托淘宝网店在线上进行销售，如图2-20所示。"靠山吃山""农户+网商""爆品拉动，多品畅销"的路子是成县发展电子商务的基本思路。成县发展电子商务的路径和勇于尝试的精神值得尊重。2014年，成县网店627家，实现销售收入1.05亿元。当地已经建成了电子商务物流园一期项目，加快推进电子商务孵化园的建设。

图2-20　成县模式——"农户+网商"

1. 关键特点

1）爆品路线。先用成县核桃打响知名度，再带动"成县紫皮大蒜""成县土蜂蜜""成县巴马香猪肉""成县手工挂面"等农特产品走向热销。

2）政府营销。县委书记带头，四大班子、乡村干部齐上阵，用微信、微博等工具进行营销。

2. 模仿提示

在知名度和影响力较低的情况下，县域电子商务的可信度有赖于权威的背书，当地政府是重要的权威资源之一。在资源有限的情况下，县域电子商务可集中优势兵力做好"单品突破"，然后带动其他商品共同发展。从另外一个角度看，这种小网商大规模出现的局面虽然能显示出当地电子商务大发展的热烈态势，但其后续的竞争力往往不足，甚至可能会出现批量死亡的现象。当地政府需要尽快出台有力的措施，完善电子商务生态，扶持小网商走品牌化、集群化发展，做大、做强。

3. 适用地域

各地都可以参考这种模式，尤其是有特色产品的地域。

三、通榆模式：走品牌化道路

通榆县隶属吉林省白山市，是典型的东北农业县，地处偏远、交通不便，是国家级贫困县。通榆县是我国著名的"杂粮杂豆之乡"，绿豆、葵花等多项农产品的产量居全国之冠，但农村电子商务发展基础落后。

为发展电子商务，2013年末，在当地县委县政府的鼎力支持和深入参与下，由社会力量投资成立了一家名叫"云飞鹤舞"的电子商务公司，形成了这种"生产方+电商公司"的电子商务模式，如图2-21所示。跟遂昌模式中的"服务商"类似，"云飞鹤舞"公司也是通榆模式的核心，它左手整合生产方（农户、生产基地、合作社或农产品加工企业等）的产品（小米、绿豆、燕麦、竹豆和葵花子等），右手经淘宝平台卖出产品。这一项目于2013年10月启动，在短短几年时间内，"通榆"这个名不见经传的小县开始进入全国消费者的视线，还作为全国第三个农村淘宝的试点县，被阿里巴巴纳入"千县万村"的发展战略。

经过三年的发展，以"原产地直供"为核心理念，以"政府背书+基地化种植+科技支撑+营销创新"为主要特征的通榆模式，得到了业界的高度认可。通榆模式的核心创新亮点在于价值共享：地方政府、农户、电子商务企业、消费者及平台共同创造并分享价值，既满足了各方的价值需求，也带动了县域经济的发展。通榆县和以上两县的最大不同是，开门见山进行品牌化运作，为当地的农产品取了一个好名字——"三千禾"，并直接进驻天猫旗舰店；和其他两县相同的是，均成立了县域电子商务协会，并有专业的第三方主体进行运营。

图2-21　通榆模式——"生产方+电商公司"

如果把"遂网"理解为一个平台，"通网"就是一家B2C，"三千禾"呈现的是一个商品品牌，但其更重要的魅力是在全程产业链上进行标准化运作，进行统一采购、统一包装、统一运营、统一配送、统一售后等诸多标准化尝试。

1. 关键特点

1）"云飞鹤舞"公司以网上直销为主，也有少部分产品经网络分销商卖出，且多是外地的网络分销商。

2）注册了统一的品牌——"三千禾"，以统一所有农产品的包装、销售和服务。

3）县委县政府从各部门抽调了精干力量组成了"通榆县电子商务发展中心"，以全力配合该电子商务公司的工作。

2. 模仿提示

与遂昌模式类似，这家电子商务公司是通榆县整个电子商务链上的"单一故障点"，如果出现问题，容易降低整个链条的运行效率，甚至"停摆"，需要特别注意。另外，与遂昌模式相比，通榆模式尚未对当地小网商的发展起到较好的拉动作用，因为当地的小网商不多。在将来，如果措施得当、利益分享机制合理，"云飞鹤舞"公司也有可能把当地逐步成长起来的小网商纳入分销商体系。

3. 适用地域

该模式适合电子商务基础薄弱、产品品牌化程度低、当地小网商稀少的区域。

第 三 章

网上开店

网上销售农特产品，在选择好模式和平台后，就需要在选择的平台上创办自己的网店了。目前可以开展农产品电子商务的平台很多，不同平台对店主的资质要求和开店流程不完全一样，但也有许多共性的内容。本章主要以常见平台为例，分别介绍境内网店和跨境网店的开店流程。

第一节 境内网店的开店流程

要在网上销售农特产品，商家一般选择在国内知名电子商务平台上创建网店，面向国内消费者开展网络营销。目前大部分电子商务平台均支持以个人名义或者以企业名义进行网上开店，我们可以根据自己的实际情况选择个人开店或者企业开店。相对而言，个人开店的流程简单些，但企业开店在店铺评级和消费者信赖度方面更有优势。

一、个人开店

由于各平台要求不一样，因此，个人开店的流程和资费会略有不同。下面以淘宝网和拍拍网为例，详细介绍个人开店的基本流程。

（一）淘宝网开店准备

1. 注册淘宝网账号

1）打开淘宝网（www.taobao.com），单击左上角的"免费注册"链接，如图3-1所示。

图3-1 淘宝网首页

2）进入注册页面，如图3-2所示。输入正确的手机号码，并勾选"同步创建支付宝账户"复选框。对于企业用户，需要通过邮箱注册；对于个人用户，可以直接使用手机号码注册。

图3-2 注册页面

在输入手机号码，短信接收有效校验码后（见图3-3），进入图3-4所示界面。

①如果直接用手机号码登录，会出现要求验证的界面（见图3-5），此时只要按照要求，用手机发送信息即可完成注册。

②如果使用邮箱继续注册，需要输入邮箱地址，注册的邮箱便会收到一封确认信，在邮箱中确认激活，即可完成用户注册，如图3-6所示。

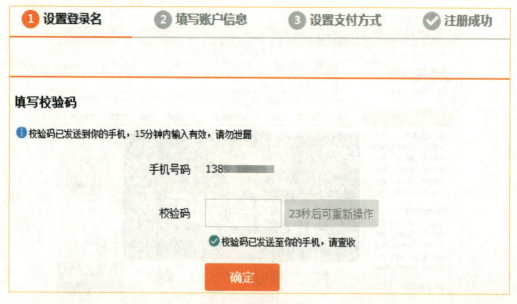

图3-3 设置注册页面

图3-4　设置注册方式　　　　　　图3-5　手机号码注册安全验证

图3-6　邮箱注册

3）填写完所有注册账户信息，便完成了注册，如图3-7所示。请牢记会员名和密码，通过登录就可以开始享受在淘宝网开店的乐趣了。

图3-7　注册成功界面

温 馨 提 示

● 淘宝网的会员名一经注册不能更改，请选择一个好听或者容易被人记住的名字，这样可以更好地宣传店铺。店铺的名字可以修改。

● 为了保证交易的安全性，密码最好不要设置得过于简单，建议使用"字母+数字+符号"的组合密码，其中，字母最好要区分大小写。

● 注册完成后，淘宝网就会免费为你开通一个支付宝账号，必须先通过支付宝实名认证后，才可以发布宝贝，管理店铺。

2. 支付宝实名认证

会员注册成功后，由于尚未进行支付宝实名认证，所以无法进行开店操作，必须先进行支付宝实名认证成功后，才可以免费开店。

支付宝认证同时核实会员身份信息和银行账户信息，认证成功后，就等于拥有了一张网络身份证。

支付宝实名认证的流程如下。

1）单击淘宝网首页页面上方的"我的淘宝"链接，进入图3-8所示界面后在"我的支付宝"里进行实名认证。

图3-8　准备进入支付宝界面

2）在实名认证界面，先设置身份信息。其中，支付宝登录密码与注册淘宝网的密码是相同的；支付宝支付密码不能与淘宝网或支付宝登录密码相同，必须是6位数字；姓名、身份证号码必须真实可靠。填写完，同意支付宝服务协议，确认后便可进行下一步设置，如图3-9所示。

选择账户类型	个人账户（中国大陆）　　企业账户（中国大陆）　　个人账户（港澳台/海外）
支付宝账户名	████ @163.com
设置登录密码	登录时需验证，保护账户信息
登录密码	与注册淘宝的密码相同
设置支付密码	交易付款或账户信息更改时需输入（不能与淘宝或支付宝登录密码相同）
支付密码	
再输入一次	
设置身份信息	请务必准确填写本人的身份信息，注册后不能更改，隐私信息未经本人许可严格保密
	若你的身份信息和快捷支付身份信息不一致，将会自动关闭已开通的快捷支付服务。
真实姓名	
身份证号码	
	☑ 我同意支付宝服务协议

图3-9　支付宝注册界面

3）设置支付方式，如图3-10所示。填写银行卡卡号，如果没有银行卡或暂时不设置，可以先跳过这一步，完成注册。

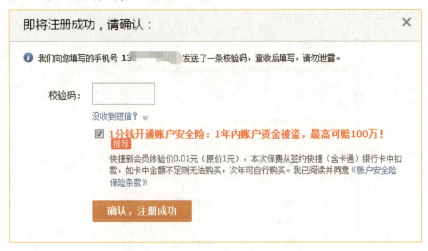

图3-10　设置支付方式

4）注册完成之前，会出现图3-11所示确认注册信息界面。

值得注意的是，填写的银行卡账号所涵盖的客户信息，必须和注册支付宝时所填的姓名、电话号码一致，否则支付方式设置不成功。

图3-11　支付宝注册确认界面

勾选"1分钱开通账户安全险"复选框，支付宝会向注册的银行卡内打入一笔1元以下金额的人民币，用户核实收到的金额后，再登录支付宝网页，单击"申请认证"链接，正确输入打入银行卡的数字金额，认证就通过了。

（二）淘宝网开店流程

1）进入"卖家中心"页面，单击"我要开店"或"免费开店"链接，就可开始开店认证，如图3-12所示。

图3-12 卖家中心

2）申请开店认证。开店认证包括前面已介绍过的支付宝实名认证和淘宝网开店认证两部分。

选中"个人开店"单选按钮，继续完成"淘宝开店认证"，即可创建店铺。

3）淘宝开店认证。单击图3-13所示个人开店认证界面中的"立即认证"链接，上传真实身份证照片和个人手拿身份证照片，并填写正确的联系地址、联系电话，如图3-14所示。提交认证信息即完成了开店认证。

图3-13 个人开店认证

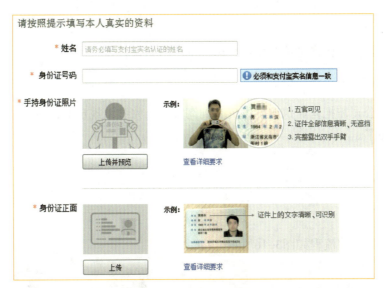

图3-14 填写认证信息

4）填写完所有信息，提交成功后，系统会在规定时间内审核，图3-15所示，审核成功后将通过短信、站内邮件、"旺旺"告知。此时，店铺创立成功，可以开始发布商品了。

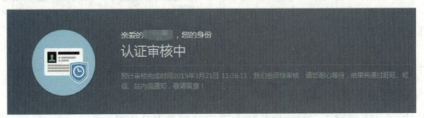

图3-15 认证等待审核

二、企业开店

除个人开店以外，企业也可以在淘宝网、京东、1号店、天猫等平台开设自己的网上商店。企业开店比个人的要复杂，需要提供企业营业执照副本、企业税务登记证、法定代表人身份证、银行开户许可证等复印件，由后台审定通过后，方可开店。

（一）淘宝网企业开店条件

1. 缴纳押金

企业需缴纳的押金一般是5万～10万元，用于保证开店后的必需开支。

2. 企业认证

企业认证需要经营许可证及加盖公司公章的副本资料等。

3. 企业开店

实体店或公司需把营业执照副本提交到淘宝网，并缴纳规定的押金，这样就在淘宝网拥有一个店面了。

（二）天猫网开店流程

1. 入驻流程

天猫网商家入驻流程如图3-16所示。

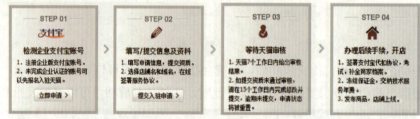

图3-16　天猫网商家入驻流程

2. 企业必备条件

企业必须具备以下三个条件。

1）开店公司注册资本高于100万元人民币（包括100万元）。

2）开店公司依法成立并持续经营两年及以上。

3）开店公司需具备一般纳税人资格。

3. 商标方面

注册商标的时间要满两年以上，如果发生商标转让，也要达到一年的时间，即商标状态为R标，而且需注册满两年及以上，并在最近一年内未发生转让。

4. 入驻条件

1）企业营业执照副本复印件。

2）企业税务登记证复印件（国税、地税均可）。

3）组织机构代码证复印件。

4）银行开户许可证复印件。

5）法定代表人身份证正、反面复印件。

6）店铺负责人身份证正、反面复印件。

7）由国家商标总局颁发的商标注册证或商标注册申请受理通知书复印件（若办理过变更、转让、续展，请一并提供商标总局颁发的变更、转让、续展证明或受理通知书）。

8）商家向支付宝公司出具的授权书。

9）产品清单。

10）若由权利人授权开设旗舰店，需提供独占授权书（如果商标权人为自然人，则需同时提供其亲笔签名的身份证复印件）。

5. 资费标准

在天猫网站经营网店必须缴纳保证金，保证金主要用于保证商家按照天猫网站的规范进行经营，并且在商家有违规行为时根据《天猫服务协议》及相关规则规定用于向天猫及消费者支付违约金。保证金根据店铺性质及商标状态不同，金额分为5万元、10万元、15万元3档。商家在天猫网站经营网店必须缴纳年费。年费金额以一级类目为参照，分为3万元或6万元两档。入驻天猫网站的商家每成交一单须缴纳技术服务费（占成交额的5%），以及其他一些费用。

6. 开店流程

天猫网开店流程如图3-16所示。

（三）京东网开店流程

1. 入驻流程

京东网商家入驻流程如图3-17所示。

图3-17　京东网商家入驻流程

2. 资费标准

农产品在京东网开店，需缴纳1 000元/月的平台使用费和50 000元保证金。

（四）1号店开店流程

1. 入驻流程

1号店商家入驻流程如图3-18所示。

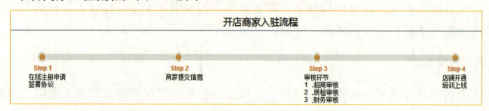

图3-18　1号店商家入驻流程

2. 入驻资费

入驻1号店必须缴纳保证金，主要用于保证商家按照1号店的规范进行经营，并且在商家有违规行为的时候根据相关规则规定用于向1号店以及消费者支付违约金，一般1万元起。商家在1号店经营网店必须按自然年缴纳650元/月的平台使用费，以及按照其销售额（不包含运费）的一定百分比缴纳技术服务费。

（五）供销e家开店流程

"供销e家"是由中华全国供销合作总社指导创办、中国供销电子商务股份有限公司运营承办的供销社系统电子商务全国平台，于9月26日上线试运行。全国平台以"互联网+供销社"为核心，充分发挥供销社四大传统业务领域优势和深入基层的网络优势，打通城乡双向流通，进一步增强供销社"服务三农"的能力。"供销e家"商城不仅为农民提供质量放心的农业生产资料，而且为城市居民提供可追溯的放心农产品和新型农业生态"休闲农业"。

1. 入驻流程

"供销e家"商户入驻流程如图3-19所示。

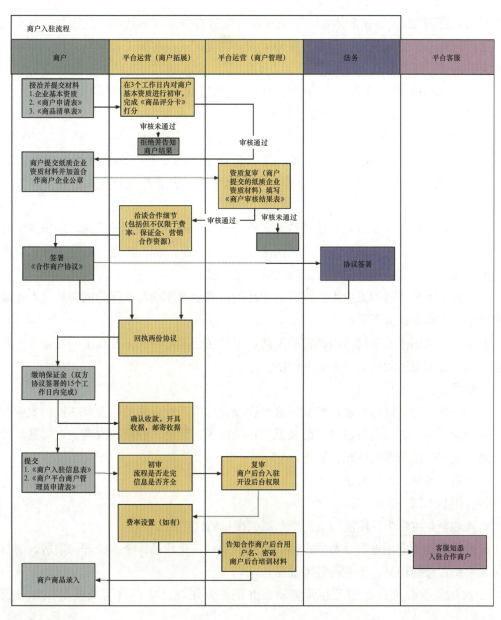

图3-19 "供销e家"商户入驻流程

2. 入驻条件

1）注册资金不得低于100万元人民币，且成立时间为1年以上（含）。

2）具备800或400客服电话，要求配备专职客户服务人员负责商品的咨询及售后服务。

3）具有完善的质量保证体系，配备专职人员负责商品订单处理、发货及订单反馈，并对已订购商品做物流跟踪；有能力保障运营、物流配送及客服工作顺利运行，能够提供优质完善的售后服务。

4）入驻企业在电子商务平台的经营范围不能超过营业执照所规定的经营范围。

5）根据不同的合作模式具体要求如下。

①农产品商城（B2C）。

a. 推荐产品为供销社全资、控股或参股企业及下属专业合作社所种植或生产的产品，以及与供销社或电子商务公司合作的专业合作社、农业产业化龙头企业生产经营的产品。

b. 必须是原产地，并且具有地域特色，或当地生产的中华老字号商标、中华老字号、老字号、驰名商标、著名商标；产品属国家认证的"三品一标"产品，特殊无标识农产品需先进行预上线申请，经全国平台确认之后方可上线。

c. 无食品生产许可和工业生产许可的商品须持其他可证明品质保障的资料或当地政府授权的品质、服务担保证明。

d. 企业在全国平台所售产品的价格不能高于其在全国范围线上及线下的发布价，并且能在全国平台大型活动期给予更大的价格支持。

②农资商城（B2C）。

a. 入驻企业为供销社全资、控股或参股企业及与供销社合作的专业合作社、农业产业化龙头企业，生产、经营的农资产品及服务包括种子、化肥、农膜、农药、农机具等产品以及测土配方、庄稼医院等相关服务。

b. 价格、品牌、质量有信誉保证。

③日用品商城（B2C）。

a. 入驻企业主要为日用消费品的原产商或授权的代理商。

b. 产品范围为家用电器、数码产品、电脑、手机、化妆品、个人护理、家居、厨具、服装、家纺、母婴用品、工艺品等消费品。

c. 入驻企业必须具有相关经营资质，并能够提供商品生产许可及质量保障方面的证明。

d. 入驻企业需具有运营、物流、客服等能力，能够保证货源的持续性。

e. 申请入驻的企业所需提供的资料：

●品牌所有者：企业营业执照副本复印件（需完成有效年检且所售商品属于经营范围内）、组织机构代码证复印件、企业税务登记证复印件（国税、地税均可）。

●授权代理商：品牌所有者的授权证书等相关资质证明文件。

④现货批发交易（B2B）。

a. 现货批发的交易企业主要为供销社系统内全资、控股或参股的生产厂家、贸易流通企业、专业合作社、产业化龙头企业以及批发市场等。

b. 现货批发交易的产品范围为农产品、农资、农副产品、再生资源等大宗商品。

c. 交易企业必须具有相关经营资质，并能够提供商品生产许可及质量保障方面的证明。

d. 交易企业需具有产品批发能力，对于货源的提供能够保证持续性。

第二节　跨境网店的开店流程

近年来，我国农产品跨境电子商务快速发展，阿里巴巴、敦煌网、兰亭集势等跨境电子商务平台相继发力，农产品跨境交易量显著增长。根据淘宝网（含天猫）及速卖通平台上的跨境数据显示，2016年在两个平台上农产品出境交易同比增长超过80%，农产品入境交易（直接来自于海外卖家的交易）同比增长超过60%。出境交易量较大的是茶叶和种子类目，单品则是果实种子、普洱茶、蜂蜜、山参等。

由于各国在农产品进口方面的法律法规有很大差距，目前我国农产品跨境电子商务大多以B2B为主，很少支持B2C或C2C，出口的产品主要是茶叶和种子，但非食品类农产品（如刺绣、雕刻、竹编等农村手工艺品等）可开展B2C、C2C跨境电子商务，且有较大的国际市场。

下面以阿里巴巴全球速卖通平台为例，为大家介绍速卖通的开店流程以及选品分析。

一、速卖通开店流程

（一）开店准备

要在速卖通平台开店，一定要符合入驻要求，如图3-20所示。

图3-20　入驻要求

（二）注册账号

1）进入阿里巴巴全球速卖通官方网站http：//seller.aliexpress.com/，单击"立即入驻"按钮，如图3-21所示。

图3-21　官网首页

2）输入邮箱，填写信息（目前只能邮箱注册），单击"下一步"按钮，如图3-22所示。

图3-22　邮箱注册

　　3）在弹出的页面中填写个人信息，根据自己的实际情况填写即可，填写完毕后单击"确认"按钮，如图3-23所示。此时您会收到一条验证码，输入验证码后系统会提示我们注册成功。

图3-23　注册信息填写

（三）实名认证

　　1）在输入验证码后弹出的页面中，我们单击速卖通实名认证框中的对勾，如图3-24所示。

图3-24　企业认证

　　2）在弹出的支付宝登录页面中，输入通过实名认证的支付宝账号，速卖通实名认证即自动通过。至此我们的速卖通店铺创建完毕，如图3-25所示。

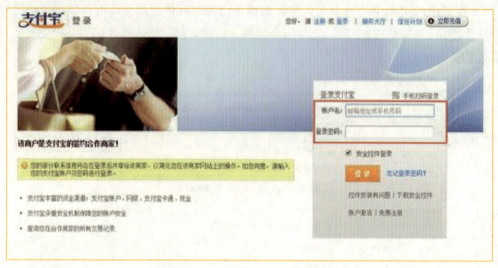

图3-25　支付宝账号与速卖通账号绑定

（四）参加入驻考试

实名认证审核通过后，可参加入驻考试，通过考试才能开店。大家可以百度搜索，并提前预习近期的考试内容，如图3-26所示。

图3-26　参加入驻考试

（五）回顾流程

1）开店准备：熟悉全球速卖通的入驻要求。

2）注册账号：用邮箱注册一个速卖通账号，填写注册信息。

3）实名认证：认证支付宝，速卖通实名认证。

4）参加入驻考试：搜索相关题目，预先学习。

二、速卖通选品和数据分析

下面以"种子"为例，介绍在速卖通的"数据纵横"中进行选品和行情分析的方法。登录速卖通，单击"数据纵横"链接，进入图3-27所示界面。

图3-27　"数据纵横"界面

1. 行业情报

1）单击"行业情报"链接，进入图3-28所示界面。在行业栏中选择"家居用品→园艺用品→花盆与种植→种子"选项。

图3-28　设置行业信息

2）如图3-29所示，从2017年6月17日至23日近7天的行业数据分析可以看出，"种子"成交量呈上升趋势，在6月20日流量占比最大。

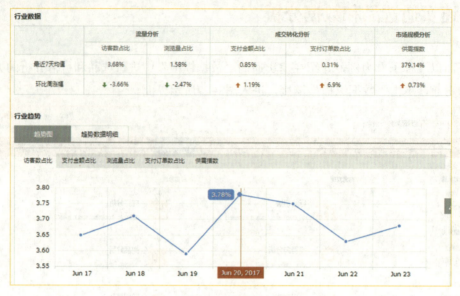

图3-29　数据分析

2. 搜索词分析

单击"搜索词分析"链接进入图3-30所示界面,搜索"seed"。从全球近30天的数据中可以看出,"fruit-seeds"(果实种子)的搜索人气最高,主要出现在阿拉伯国家,说明可以针对这些国家选择该类产品。

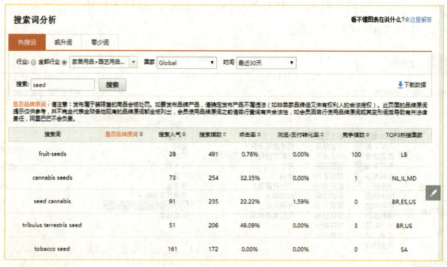

图3-30　"搜索词分析"界面

3. 选品专家

单击"选品专家"链接,可以看到不同大小的红色和蓝色的圆圈。圈的大小表现销售热度:圈越大,该产品销售量越高,反之销售量就越低。圈的颜色表示该商品的竞争力的大小：颜色越红，表示该商品的竞争力越大；颜色越蓝，表示竞争力越小。这就是我们经常所说的红海和蓝海的区别，如图3-31所示。

图3-31 "选品专家"界面

1）单击"热销"选项，在行业栏中选择"家居用品→园艺用品→花盆与种植→种子"选项，如图3-32所示，从全球近30天的数据可以看出，"plant seed"（植物种子）的成交指数为9 427，销售量高，竞争力不大，可以选择该产品销售。

图3-32 热销产品

2）单击"热搜"选项，在行业栏中选择"家居用品→园艺用品→花盆与种植→种子"选项，如图3-33所示，从全球近30天的数据可以看出，"seed"在同类产品中销售量最高，搜索指数达到1 305。

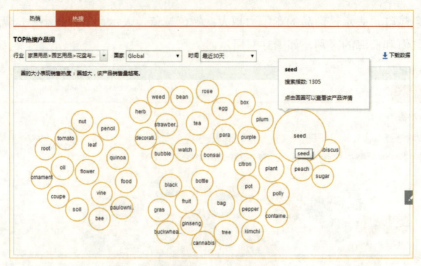

图3-33　热搜产品

3）单击"seed"，显示它的关联产品，如flower、tree、bag、plant，如图3-34所示，说明店铺可以同时卖这些产品，增加关注度和销量。

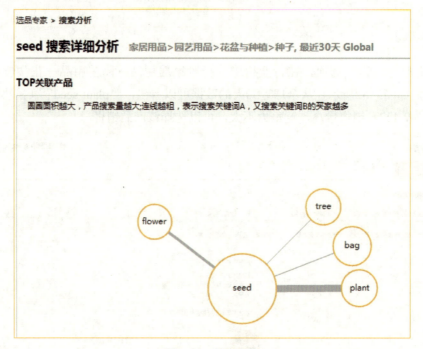

图3-34　关联产品

综上所述，我们在选择"种子"这种农产品做跨境电子商务时，主要选择fruit-seed、plant-seed，同时在店铺中关联上flower、tree、bag、plant等产品，销往阿拉伯等国家。每月的销售量在1 000多，再加上其他关联产品的销售，盈利还是很可观的。

第 四 章

农产品摄影

　　在网上销售农产品，顾客看不到商品实物，商家只能通过图片来展示商品的属性、功用、效果等，而一张漂亮的商品照片可以直接刺激顾客的视觉感官，让他们产生了解的兴趣和购买的欲望，此时一张张商品图片便显得尤为重要。为了达到让消费者购买商品的目的，进行商品拍摄是网店日常工作中不可或缺的内容，也是在销售过程中起着决定性作用的重要环节。

　　网络购物是典型的眼球经济，在已经步入读图时代的今天，商业摄影的功能性不单单只停留在反映消费者的诉求与展示产品的特性上，已经参与到了商业的竞争中。在互联网上，商品图片以其具有直观性、审美性，具备感染力与说服力的特点被商家所认可并被大众所接受。一张好图胜千言，好的商品图片是提高点击率、提高销量的重要保证。如何拍摄出好的商品图片？什么样的器材可以用来进行网店商品拍摄，市面上这么多的相机哪款适用于网店拍摄呢？这些问题的答案将在本章——揭晓。

第一节　摄影器材的准备

一、相机

（一）轻便卡片机

轻便卡片机是一类小巧、品种多样、携带方便，深受大众喜爱的家用机型，可以像卡片一样叮以放在口袋里，如图4-1所示。卡片机的特点是镜头、机身和闪光灯一体化，在拍摄功能方面主要采用全自动工作模式，操作极为简便，初学者用它也能拍摄出不错的照片。

图4-1　轻便卡片机

（二）高档数码照相机

高档数码照相机是一类轻便多样、价格稍高、体积稍大的机型，采用了镜头、机身、闪光灯一体化的紧密结构，如图4-2所示。该款相机镜头的变焦倍率大，可手动操作（便于专业人员操作），具有较强的拍摄性能。

图4-2　高档数码照相机

（三）专业单反相机

专业单反相机是一类样式单一、体积较大、坚固耐用、价格偏高且功能丰富的相机，如图4-3所示。单反相机很多是金属机身，不仅可以自由更换镜头，而且可以外加独立的闪光灯。此外，单反相机具有各种专业功能，其拍摄的图片画面品质非常好，被广泛用于人像、新闻和广告等行业，是拍摄高质量商品图片最理想的选择。

图4-3　专业单反相机

（四）手机相机

随着千万级像素摄像头成为智能手机（见图4-4）的标准配置后，手机相机已经成为衡量手机价值的重要指标之一。与传统卡片机相比，智能手机的便携性和功能多样化的优势也越来越明显，已经有取代卡片机之势。手机以其小巧、随身携带、即时拍等优势，已经成为拍摄、直播商品的主流机器。在普通商品图片拍摄中，用高像素的手机进行商品拍照也能达到预期目的。

图4-4　智能手机

二、镜头

当前数码照相机的镜头主要是参照传统135相机的结构来设计和生产的，其镜头焦距和成像特点也类似于传统135相机的性能特点，如图4-5所示。现在的数码照相机大多是变焦镜头，标有18～55毫米、18～135毫米等数据，这表示镜头拥有多种不同的焦距，使用起来非常方便。

（一）标准镜头

标准镜头通常是指焦距在40～55毫米之间的摄影镜头，它是所有镜头中最基本的一种摄影镜头。

图4-5　镜头

标准镜头给人以纪实性的视觉效果画面，所以在实际的拍摄中，它的使用频率是较高的。

由于标准镜头的画面效果与人眼视觉效果十分相似，所以有一种所见即所得的感觉，很适合拍摄正常效果的产品画面，让人感觉真实自然，适用于各种产品对象，样片可用于商品首页展示图片，如图4-6所示。

图4-6　标准镜头及样片

（二）广角镜头

与标准镜头相比，广角镜头的焦距短、视角广。通常广角镜头拍摄的画面，具有视野宽阔、空间感强的特点，但有扭曲失真现象，一般用于拍摄农产品的大型生长、加工环境（如山林、厂房实景等大场面）的全景拍摄，如图4-7所示。

图4-7　广角镜头及样片

（三）长焦镜头

与广角镜头不同，长焦镜头的焦距和视角都要小于标准镜头，而且拍摄距离远，能把景物拉近放大，从而获得较大的影像，如图4-8所示。长焦镜头在商品摄影里使用率较低，加上长焦镜头价格昂贵，在网店商品拍摄中无须专门购置。

图4-8　长焦镜头及样片

（四）微距镜头

微距镜头是专门为近摄或拍摄微小对象而设计的，镜头焦距多为50～180毫米，如图4-9所示。微距镜头既可以将微小的物体（如邮票、硬币等）按1：1比例记录到画面上，也可以在很近的距离拍摄，可用于专业拍摄商品特征，对表现物体的细节具有特别的优势，但专业镜头价格不菲。现在一般的数码照相机上都带有微距功能（见图4-9），将相机设置调整成微距模式后进行拍摄，效果如图4-10所示，其表现足以应付一般的商品拍摄，对于非精细产品的高要求拍摄，无须专门单独购买微距镜头。

图4-9　微距图标

图4-10　微距镜头及样片

（五）手机镜头

当今已经进入了全民手机拍摄时代，但纯粹的手机镜头拍摄是无法满足玩家们的需求的，因此众多不同功能的外置镜头应运而生。和单反微单相机的传统镜头一样，手机镜头也包括广角、微距、长焦等，如图4-11所示，价格也从几十元至千余元不等，如果进行网拍，可根据拍摄需要选购买不同手机。

通用夹子　　广角镜头　　广角镜头盖

绒布收纳袋

鱼眼镜头

微距镜头盖

微距镜头

图4-11　手机镜头

三、三脚架和快门线

三脚架是用来支撑相机的专用支架，在室内进行商品拍摄时，三脚架能有效地保证了相机工作时的稳定性，防止相机因振动而导致成像模糊。市面上出售的三脚架大小不一，轻型（见图4-12）的价格比较便宜，携带方便，但稳定性较差；重型（见图4-13）的价格相对较贵，体积大，质量大，但稳定性更有保障。拍摄者可根据需要选购不同类型的。

相机装在三脚架上之后，摄影师便可以放手布置灯光和商品了，拍摄也可通过快门线或三脚架遥控器（见图4-14）来操作，使相机更为稳定，有效保障图片画质。

图4-12　轻型三脚架

图4-13　重型三脚架

图4-14　快门线、遥控器

四、光源

拍摄网店商品图片，在室内、室外都可以进行。在室内拍摄时，我们使用的光源是各种人工照明设备，如内置闪光灯、聚光灯和外置闪光灯等。

农产品的拍摄以突出原生态、自然为理念，主要在室外进行，这样拍出的商品图片真实、自然，更容易打动消费者，促进其购买欲望。在室外拍摄时，我们使用的光源主要是自然光，一般来说，最佳拍摄时间是在日出后一小时与日落前一小时，此时太阳位置较低，在太阳低角度的照射下，柔和光线使景物产生较长的阴影，让看似普通的景色展现出质感，并使画面更具立体感。晴天上午9点前和下午4点后的阳光是较理想的光线。

五、静物台与摄影箱

（一）静物台

静物台用来放置需要拍摄的各种商品，是进行商品拍摄的必备设施，如图4-15所示。

（二）摄影箱

摄影箱（见图4-16）作为一种现代高新技术的产物，主要应用于珠宝首饰、眼镜、手表、手机、化妆品等贵重、精致、亮丽、小巧的商品的拍摄。其具有便捷、高效的特点，采用普通相机甚至手机，只需要一分钟就能拍出色彩纯正、具有专业摄影棚拍摄效果的图片，拍摄较方便。近几年，还出现带LED的摄影箱（见图4-17），大大减少了布光的麻烦，很适合拍摄小商品。

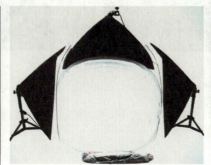

图4-15　静物台　　　　图4-16　摄影箱　　　　图4-17　LED摄影箱

第二节　摄影基础知识

一、拍摄前的调整准备

（一）正确握持相机

拿好相机是拍照的基础，由于数码照相机在大小和形状上存在差异，因此在持拿、使用上也有所不同。对于专业单反相机和高档数码照相机，最好采用双手握持姿势，而对于轻便卡片机，则可以单手握持。拍照时，双手可以采取横平握持和竖直握持的方式操作相机，身体则可以采用立姿、蹲姿和跪姿。

单反相机拍摄姿势的正确示范如图4-18所示。

图4-18　拍摄姿势的正确示范

（二）设定相机的工作模式

1. 选择拍摄模式

对于初学者而言，拍摄时可以首选程序自动模式（俗称P挡）或AUTO（俗称自动挡）模式（见图4-19）拍照，也可以根据拍摄需要来选择模式。对于已经掌握相机手动功能的拍摄者，可选用M挡、A挡、S挡等可进行手动调节的挡位。

2. 选择图像文件格式

文件格式决定数码照相机所拍照片（文件）大小和质量好坏。其中采用大文件格式拍摄的照片画质高、信息多，可以洗印出大幅面的精美照片。

3. 选择合适的感光度

感光度（标示为ISO值）是指相机感光元件对光线的敏感度，它是摄影中确定正确曝光组合、获得优质影像的基本条件之一。常见的ISO有50、100、200、400、800、1 600等级数，可以灵活选择。

一般农产品拍摄如对图片没有特殊要求，可将感光度ISO设置为自动，如图4-20所示。

图4-19　拍摄模式

图4-20　相机设置

4. 选择白平衡模式

商品图片的要求是能够真实再现商品色彩，既便于买家选购，也能避免色差引起退货纠纷。现在的数码照相机上都有根据色温原理来工作的"白平衡"功能，它的作用就是为了防止照片产生偏色的错误，以保证所拍摄的人和物的色彩能够正常再现。

如果错用了白平衡模式，照片就会偏色，如图4-21所示。

偏暖

正常

偏冷

图4-21　白平衡

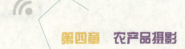

二、拍摄中的操作控制

（一）对焦操作

对焦是拍摄中让被摄对象变清晰的重要操作。镜头的对焦方式有手动对焦（M）和自动对焦（A/AF）两种模式，如图4-22所示，常用的是自动对焦模式。

在进行农产品拍摄时掌握基本的两种对焦方式，具体做法有两种。

1. 中心点对焦

中心点对焦因为直接方便而使用最多。只要将拍摄对象放在画面的中心位置（见图4-23）进行对焦，就可以得到清晰的主体影像。

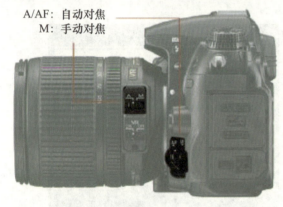

图4-22　对焦模式

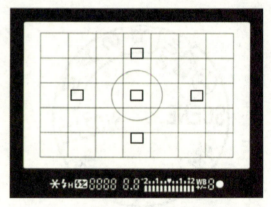

图4-23　中心点对焦

2. 非中心点对焦

如果拍摄对象不在中央位置，应根据被摄对象在画面的上、下、左、右位置，将对焦点从中心焦点移动到上、下、左、右对焦点中的一个，然后直接用此点对焦完成拍摄，如图4-24所示。

图4-24　非中心点对焦

（二）测光

数码照相机上装有专门的光线亮度监测装置（即测光表），可以监测判断各种物体的明暗度，并通过相机的取景器、LCD显示屏来显示，以供摄影者参考。数码照相机的测光模式主要有区域测光、中央重点测光、点测光几种，如图4-25所示。

图4-25 测光模式

（三）曝光控制

每拍一张照片，相机就要完成一次曝光过程。对于同一个被摄对象，拍摄时曝光量的微小差别就会造成照片质量的不同。如图4-26（a）所示，照片曝光正确，画面影像明快、清晰；如图4-26（b）和图4-26（c）所示，照片曝光出现偏差，画面影像或过亮或过暗，水果色彩失真。数码照相机是通过两个重要关口来控制曝光的：一个是光圈，另一个是快门，两者相互配合、共同作用，以决定照片的曝光量。

(a) 曝光正常　　　　　　(b) 曝光不足　　　　　　(c) 曝光过度

图4-26 曝光控制

（四）光圈

光圈是镜头内由若干金属薄片构成的一个可调节大小的圆孔，用于控制进入相机的光量。光圈大小用系数 f 表示，f 值越小，表示光孔越大，进光量就越多；f 值越大，表示光孔越小，进光量就越少，如图4-27所示。

光圈主要有三个作用：一是控制进光量，使曝光合适；二是调节景深，控制影像虚实；三是掌握最佳孔径，降低镜头的像差和色差。利用大光圈拍摄的效果如图4-28所示，利用小光圈拍摄的效果如图4-29所示。

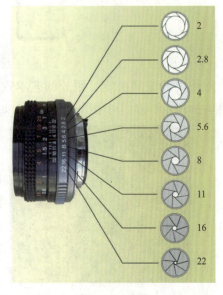

图4-27 光圈

图4-28　大光圈效果

图4-29　小光圈效果

（五）快门

快门是相机上一个从开启到关闭的幕帘（类似水龙头闸门），用来控制相机接收曝光时间的长短。如图4-30所示，快门的高低标记为时间的倒数，分母数值越大，表示速度越高，到达感光元件的光线就越少。相机的快门基本排列如下：B门、1秒、1/2秒、1/4秒、1/8秒、1/15秒、1/30秒、1/60秒、1/125秒、1/250秒、1/500秒、1/1 000秒等。

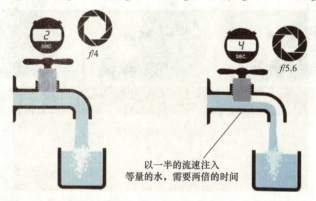
图4-30　快门速度

快门的时间决定了照片的艺术效果。例如，快门速度快，可以抓住精彩瞬间，如图4-31所示；慢门可拍摄运动轨迹，如图4-32所示。

图4-31　高速快门

图4-32　低速快门

（六）景深

相机要对焦后才能拍摄，理论上照片中只有被准确对焦的部分清晰，焦点前及焦点后的景物会因在焦点以外而显得模糊。不过，基于镜头、拍摄距离等因素，在焦点前、后仍然会有一段距离的景物能够被清晰显示，不至于落入模糊地带。

小景深的照片，只有焦点部分才会清晰显示，景深外的地方显得十分模糊；大景深的照片，所有景物都显得十分清晰。两者体现在画面中的效果完全不一样，如图4-33所示。

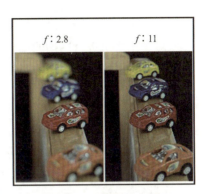

图4-33　小景深与大景深

（七）手机拍摄

高像素智能手机的拍摄效果好，并能及时上传更新网店图片，是微店、微信营销、手机网拍、商品直播中的又一选择。下面简单介绍一下使用手机进行商品拍摄的技巧。

1. 调整模式

现在的智能手机内置丰富的拍摄模式（见图4-34），用户还可以自行安装各种场景模式进行拍照，在拍摄时可以根据商品情况选择最适合的模式。如果不知道如何选择，可以选择"自动"（AUTO）模式。

2. 对焦（焦点）

焦点决定了一张照片的视觉重点。大多手机摄像头都能实现自动对焦功能，但对焦方式基本是中心对焦或散点、全局对焦方式，只能满足一般拍摄需求。如果自动对焦模式无法将焦距对准想要拍摄的主体，就要手动指定焦点的位置或确定焦点，图标变绿后再进行拍摄，如图4-35所示。

图4-34　拍摄模式

图4-35　拍摄对焦

3. 保持稳定

与相机一样，用手机进行拍摄的第一原则也是稳定，稳定是拍摄清晰图片的保证。

对于用手机进行网拍的用户来说，一个便携式三脚架（见图4-36）也是值得考虑的，有助于获得更稳定、清晰的照片效果。

4. 不使用数码变焦

几乎所有主流手机都没有配备光学变焦功能，手机内的变焦实际上是通过软件插值计算的数码变焦，也许可以将图像放大2.4倍（见图4-37），但分辨率和细节也大大降低，照片充满噪点，这样反而不利于后期制作。

图4-36　手机三脚架

图4-37　数码变焦

5. 保持镜头清洁

由于手机经常用于接打电话，用户手指很可能在打电话时放在镜头上，所以在拍照时，使用镜头清洁布稍微擦拭一下镜头，去除灰尘、指纹、油污，都有可能提升拍照效果，如图4-38所示。

6. 安装外置镜头

拍摄农产品，有时需要拍摄大场景，有时需要拍摄细节，手机自带镜头可能无法满足拍摄需求，这时可以根据拍摄需要安装外置手机镜头，如图4-39所示。

图4-38　清洁镜头

图4-39　外置镜头

7. 巧用手机软件

想要得到一张完美的商品图片，后期处理是必要的，手机拍摄照片自然也不例外。方便的是，智能手机平台拥有大量不同侧重点、风格的图像编辑应用，可以通过剪裁、锐化、调整对比度等一系列简单操作快速为图片增色，如图4-40所示。目前手机图像编辑软件很多，除了手机本身自带的软件以外，还有美图秀秀、Photo Blender等修图软件，可根据需要进行下载安装使用。

图4-40　图片后期

8. 商品直播

"互联网+"时代可随时随地更新产品，直播商品。手机拍摄的最大优势是，可随时随地立即更新微店、网店的商品图片，也可以进行商品直播，第一时间发布最新产品，现在的网络直播平台的商品推广很大一部分是直接通过手机拍摄完成的。

第三节　摄影构图与布光

一、基本构图

（一）横画幅与竖画幅

在拍摄每张商品图片前，首先要决定是竖拍还是横拍，即照片的画幅形式。通常情况下，通过数码照相机，可以拍摄横画幅和竖画幅两种（见图4-41），后期通过裁剪画面，还可以构成方形、圆形、多边形等。

一般来说，竖直的被摄对象适合用竖画幅来表现，而横向展开的被摄对象更适合用横画幅来构图。

（二）商品的摆放

1. 中心主体

将商品放在画面的中心区域时，由于画面的内容中心与几何中心合二为一，被摄对象就会显得突出，而画面也十分稳定，让人自然地注意到这个中心"主体"，如图4-42所示。

图4-41　构图

图4-42　中心构图

2. 黄金分割点土体

将被摄对象放在画面的黄金分割点上，旁边摆上陪衬的道具，可以形成富有变化且均衡的构图效果。黄金分割点位置可以用中国的九宫格来说明。如图4-43所示，一个四边形的横竖均被划分为三等分，形成了"井"字形交叉，这些交叉点和分割线都是人眼的视觉兴奋点（线），将被摄对象安排在这些点或线上，就显得更加突出并且呼应了其他物体。拍摄时将主体安排在画面黄金分割线（点）上（见图4-44），就构成了空间上的变化，主体和背景紧密呼应，使画面更加生动活泼。

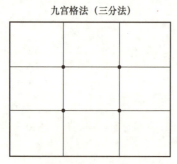

图4-43　三分法构图

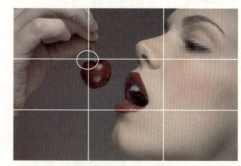

图4-44　三分法构图

（三）景别

在网店拍摄中，是表现商品的整体风貌（大）还是一个小的局部（小），属于景别的安排。景别是指画面中人和物的大小比例与范围。在商品图片拍摄中，景别主要有全景、中景、近景和特写四种。

全景：以表现商品的全貌为首要任务，并兼顾较多的背景环境，无论拍摄的是人还是物，都要求有一个完整的被摄对象。下面以拍摄一碗车厘子为例，进行拍摄景别说明，如图4-45所示。

中景：以表现商品的主要区域为重点，而舍弃商品的某些部分。例如，拍摄一碗车厘子，只拍部分而舍弃其他陪衬物，如图4-46所示。

近景和特写：以表现商品的重点细节为主，由于选取的目标小（通常是一个小局部）并放大突出，具有很强的表现力，如图4-47和图4-48所示。

图4-45　一碗车厘子全景

图4-46　一碗车厘子中景

图4-47　一碗车厘子近景

图4-48　车厘子特写

如果想要让产品照片富有层次感，就要知道怎么摆前景、中景、远景。通常情况下拍摄，尽量把拍摄主体放在中景位置，把焦点对在中景上，虚化前景（也可以没有）和远景，才能更加突出主体。

二、室内常用布光方法

拍摄农产品时，除了在室外拍摄，还需要在室内精细拍摄，因此我们还要学会应用简单常用的布光方法。通常情况下，不同的布光方法可以决定商品的造型、色彩与质感表现。由于农产品摄影尽量突显自然、本色、原生态，所以建议多室外拍摄，在需要拍摄广告类产品商业特写时可选择在室内摄影棚进行拍摄。下面简单介绍几种常用的布光方式。

（一）立体布光

立体布光是最基本和最传统的布光方法，适用于强调商品的立体感和质感，具体做法如下：主光灯从相机一侧稍高（约前侧45°）的位置照向被摄对象，如图4-49所示。采用这种布光方法，拍摄的照片具有较好的质感、层次和立体感。

立体光的特点是明暗层次分明、影调正常、反差适中，需要强调立体感时可选择这种布光方法。

（二）大平光布光

大平光是一种简易便捷的布光方法，适用于各种商品图片，具体做法如下：主光灯（散射灯或加装柔光罩的灯）和辅光灯放置在相机左、右两侧的后方高处，如图4-50所示。这种布光方法操作简单，一般不用调整，所拍照片整体明暗过渡柔和、层次细腻、影调明朗清爽。

大平光布光的特点是操作简单、画面清爽、细节表现完美，适用于大多数商品的拍摄。

（三）透射光布光

透射光布光方法主要用来拍摄透明物体，以突出其晶莹剔透的材料质感，具体做法如下：主光灯（可以使用多盏灯光）从被摄对象背后逆向照射，使光线直接穿透被摄对象，辅光灯在相机旁正面照亮被摄对象，以增加色彩的表现，如图4-51所示。

透射光布光方法在表现玻璃等透明物体时，效果非常出色。

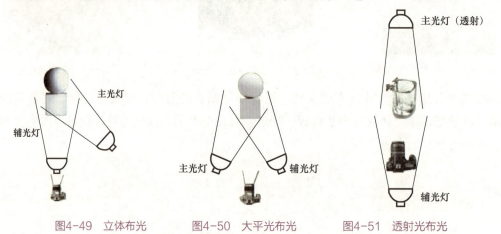

图4-49　立体布光　　　　图4-50　大平光布光　　　　图4-51　透射光布光

一件好的商品不是一张图片所能表达的，消费者往往需要通过大量的图片来了解该商

品是否值得购买，所以在进行网店装修时需要多种图片来充实店铺内容。

　　例如，网店首页的图片就需要先拍摄多张图片，然后进行制作，根据装修模板的不同可以做成多图拼接的静止画面，也可以后期通过软件将多帧图像制作为动画图像，做成滚动大图、Banner图等。

　　产品展示图是展示内容的关键，一般至少拍摄4张以上图以作备用，可选择最好的图片用于首页展示，另外还可拍摄产品原图、产品细节图、产品溯源图、产品包装图等进行展示，如图4-52所示。

图4-52　产品展示图

　　在宝贝详情页，更需要大量的图片来丰富内容，首先要展示产品本身，可根据产品自身特点进行拍摄展示（见图4-53），然后可展示产品其他相关卖点的图片。

图4-53　产品详情展示

　　除了拍摄农产品本身，我们还可以拍摄哪些内容呢？其实除了产品本身，对农产品生长环境等相关因素的拍摄也非常重要，这些图片是增加消费者购买信心的保证。农作物类产品可以拍摄的内容包括农作物的选种、农作物的播种、农作物的浇灌、农作物的生长环境、农作物的特色、农作物的管理过程图、农作物的收获过程图、农作物的包装、物流方式、人物场景、农作物的科技含量、其他能突出产品卖点的照片。

　　下面以车厘子为例进行拍摄介绍。

一、网店首页图的拍摄

　　一般要选择一张产品图片作为封面首页展示图，如图4-54所示。这张图是在众多同类产品中能否赢得点击率的关键，因此对图片的要求是产品内容清晰明了，对消费者有较大吸引力。

图4-54　封面展示图

　　这次拍摄的主题是车厘子。为了尽可能展现车厘子的本色，拍出大颗粒的视觉效果，选择在室内摄影棚拍摄，布光方式为立体布光，辅助道具为篮子，使用标准镜头进行拍摄，如图4-55所示。

图4-55　首页展示样片拍摄图

二、展示图的拍摄（特征拍摄）

详情说明页面需要大量图片来突出产品的卖点，这时可以对产品的特征进行拍摄。如何体现卖点特征？以车厘子为例，应突出该水果的特点为鲜、甜、营养，拍摄方案如下。

图4-56 拍摄样片——"鲜"

（一）鲜

特写某一颗车厘子，将相机镜头换成微距镜头（如果没有，可设置成微距模式）进行拍摄。布光方式为大平光布光，利用喷壶对车厘子喷撒水珠（90%水+10%甘油）后进行拍摄，效果如图4-56所示。

（二）甜

将一颗车厘子切开，展示其内部结构，拍摄要点是突出车厘子的多汁、红嫩，让顾客看到图片就能感受到车厘子的甜。布光方式为立体布光，利用大光圈，在微距模式下进行拍摄，效果如图4-57所示。

图4-57 拍摄样片——"甜"

（三）营养

通过色彩心理学布景，将车厘子与红色饮料相结合，突出车厘子的补血功效，辅助道具为玻璃杯、吸管等。布光方式为透射光布光。利用大光圈虚化背景，采用微距模式进行拍摄，效果如图4-58所示。

图4-58 拍摄样片——"营养"

三、详情页图的拍摄

现在人们选择食品尤其注重食品安全，如是否纯天然、无污染。如何以照片形式展现农产品的原生态，吸引消费者进行购买，可以从以下几方面进行拍摄。

1）农产品的生长环境——可拍摄土地、水源等等自然要素。

2）农产品的生长过程——可拍摄种植、生长过程、采摘收获过程（实践过程中，店家可亲自出镜）。

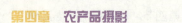
3）农产品的储存运输——卖场实拍图、包装、物流等。

4）农产品的科技含量——专家指导、科研奖项、合格证、授权书等。

5）农产品的食用储存方法——多种食用方法、温馨贴士、储存方法等。

参考拍摄样图如图4-59～图4-67所示。

图4-59　生长自然环境

图4-60　车厘子生长初期

图4-61　车厘子生长中期

图4-62　车厘子生长中后期

图4-63　成熟收获图

图4-64　实际大小对比图

图4-65　采摘图

图4-66　物流包装图

图4-67　多种食用方法图

小　结

　　农产品拍摄应贯穿农作物生长、生产全过程，这样有助于消费者更加了解产品，突出真实、自然、原生态等理念，在拍摄过程中可融入文化特色、地理特色，以及店家亲自参与的劳作场景等，增加消费者对产品的兴趣与信心。

　　在拍摄农产品加工类商品或手工制品时，应重点拍摄农产品原料的生长环境、人物劳作过程、成品图等，这样有助于消费者进一步了解产品，提高购买欲望。具体拍摄内容如图4-68所示。

图4-68　农产品加工可拍摄的内容

第 五 章

农产品图片美化

　　拍出漂亮的农产品图片后，我们还需要对图片进行美化并添加必要的文字说明。买家在网店中购物时不会把太多的注意力放在纯文字上，而是更习惯于接收图片传递的综合信息。因此，能否让自己店铺在众多的店铺中脱颖而出，将产品的诉点自然地告诉消费者，并且能吸引住买家的眼球、营造良好的购物环境、塑造良好的店铺形象和品牌，网店美工就显得尤为重要了。

第一节　农产品图片素材规划

　　随着竞争的升温，很多卖家也认识到店铺装修和宝贝图片美化在整个农产品营销推广过程中的重要性。在实际操作过程中，卖家往往只是在网上购买模板，但是有时会出现这种情况——模板本身很漂亮，应用到自己的店铺里却效果不佳。作为卖家，首先要将自己产品的功能、卖点等信息以图片的形式直观地展现出来，再根据农产品宝贝描述的需求，对农产品进行卖点分析，对农产品素材拍摄角度、场景、风格等进行规划。

一、图片美化工作流程

　　网店美工日常的工作内容主要包括以下几个方面。

　　1）素材规划。在进行店铺装修或宝贝详情介绍之前，必须分析店铺的风格及农产品宝贝的定位、特点、诉求点。根据分析结果从拍摄开始就要有全面的规划。

　　2）使用Photoshop软件对图片进行美化处理。

　　3）设计店铺中每个农产品的宝贝详情图。

　　4）上传农产品宝贝。

　　5）进行店铺整体装修。在店铺需要活动推广的时候，要设计相应的促销广告图。

二、网店页面的功能

　　网店中的页面主要分为三种：分类页面、店铺首页、商品页面。其中分类页面和店铺首页的功能相对简单，而商品页面是直接进行产品售卖的地方，功能较多。下面主要介绍店铺首页和商品页面。

1. 店铺首页

　　店铺首页是一个店铺的门户。实体店的门面对于实体店来说非常重要，可以帮助实体店铺展示形象并拉来更多的顾客。对于网店来说，店铺首页只是一个浏览的通道，具有形象展示的作用。

2. 商品页面

如图5-1所示，商品页面的第一个功能是增强顾客的购买欲望。顾客到店铺中，有可能只是随便逛逛，有时候并没有明确的需求，这时商品页面必须具备一些元素让顾客对产品产生购买的欲望。

第二个功能是提升竞争力。大部分顾客决定购买商品时都会进行反复的对比，也许他不会跟别人对比，但是会和自己心中的标准进行对比，我们需要让顾客信服我们的产品、信服我们的服务、信服我们的售后，那就需要通过页面把我们的优势信息表达出来，让顾客相信我们是值得信赖的。

分类页面：引起顾客关注更多商品

商品页面：增强购买欲望，提升竞争力

店铺首页：店内分流、形象展示

图5-1　页面功能展示

第三个功能是刺激顾客的购买决心。顾客在浏览商品的过程中往往会产生犹豫，在这个过程中，部分有疑问的顾客在了解了更多信息之后还是会离开，实际上这些顾客是需要我们引导的，去刺激他们的购买决心。

第四个功能是合理通道。淘宝网原本给予我们的店铺是空白的，没有浏览通道，所有的通道都需要卖家后期去设计和构建。

第五个功能是打消顾客疑虑。顾客最终决定购买一件商品前，一定会对商品本身、服务存在很多认知的空白点，这需要我们在页面和客服两个环节去补充他们认知的空白点，打消他们的购买疑虑。

下面以农产品车厘子为例，展示商品页面中的合理通道。如图5-2所示，关联推荐、商品分类都是一种浏览通道，即引导顾客点击后，能进入其他页面的通道。通道设置合理可以直接增加店铺的访问深度。

图5-2　网店的合理通道

图5-3所示是车厘子的农产品的商品描述页面中用于激发买家购买欲望的图片，用图片和文字相结合的方式很到位地表达了车厘子的核心卖点——营养价值和新鲜度，用这个方式加深了顾客对商品卖点的认知，也能起到激发顾客购买欲望的功能。

相信大部分淘宝人都见过类似图5-4所示的图片，农产品的卖家往往会把图片拍摄得看起来非常有食欲，让顾客看后有口舌生津的感觉，原本并不是一定需要的商品就因为图片激发了食欲而产生了购买欲望。

图5-3　能激发购买欲望的图片（一）

图5-4　能激发购买欲望的图片（二）

三、网店页面的组成元素

页面元素的建设可以根据客户网购的行为习惯进行。从消费者意识角度出发，大致可以归纳为以下几点疑问：

1）我为什么要购买你的商品？

2）如何让我下决心购买你的商品？

3）如何让我放心购买你的商品？

4）如何让我购买更多你的商品？

5）如何让我下次再来购买你的商品？

解决疑问的方法与前面所介绍的页面功能不谋而合。一个完美的商品页面应当具备七种功能，即放大欲望、提升竞争力、刺激决心、打消疑虑、合理通道、基础信息、功能延伸。

四、农产品图片美化

目前农产品图片的后期处理通常使用Photoshop软件实现。Photoshop软件是Adobe公司开发的一个专业的图像编辑处理软件，被广泛地应用在平面广告设计、包装设计等行业。

为了能够快速学会使用Photoshop，完成农产品网店装修和图片处理的任务，下面从网店宝贝详情图片处理的角度，结合实际案件进行讲解。

（一）认识Photoshop软件

本书以目前网店美工使用最多的Photoshop CS5版本进行讲解。打开操作界面，如图5-5所示。

图5-5　Photoshop CS5工作界面

A区域为菜单栏，在菜单中可找到工具中所有功能对应的选项。

B区域为选项栏，每个工具都有自己属性方面的选项，在这里可以进行图片属性参数的调整。

C区域为图形窗口栏，可以单击切换显示或关闭图片。

D区域为工具箱，这里有图片编辑处理中常用的工具，将鼠标指针移动到某个工具上悬停2秒左右会出现这个工具的快捷键提示，按下某个字母键就可以选择这个工具。

E区域为编辑区域。

（二）网店装修设计中常见的图片参数

图片是网店装修和视觉营销的主要元素。拍摄的产品图片一般是不能直接使用的，会出现如文件太大不能直接上传、图片色彩偏色、商品背景杂乱等问题，需要对这些图片进行相应的后期处理使其符合使用的要求。表5-1所示是淘宝店装修中常见的图片要求，可以作为对图片处理和操作的一个参考。

表5-1　淘宝网店图片设计尺寸格式参考表

图片名称	尺寸要求	文件大小	支持图片格式	设计建议
店标	建议尺寸80×80像素	小于80 KB	GIF、JPG、JPEG、PNG	醒目、独特，可以是标志、产品图片
旺旺头像	最佳尺寸150×150像素	小于300 KB	GIF、JPG、JPEG、PNG	
宝贝主图	800×800像素至1 200×1 200像素	小于500 KB	JPG、JPEG	白底、正方形
店招图片	950×118像素（新）	不限	GIF、JPG、JPEG、PNG	品牌形象或促销宣传
导航背景	950×118像素（新）	不限	GIF、JPG、JPEG、PNG	按新旺铺要求
轮播图片	通栏950像素，右侧栏750像素	建议小于300 KB	GIF、JPG、JPEG、PNG	品牌形象或促销宣传
分类图片	宽度小于160像素，高度无明确规定	建议小于50 KB	GIF、JPG、JPEG、PNG	醒目、方便导航
页头背景	不限	小于200 KB	GIF、JPG、JPEG、PNG	最好可以无缝拼接

（三）农产品图片美化的基本操作

1. 新建文件

当要设计一张农产品图片时，首先要设置图片的大小，根据农产品图片的使用环境设置分辨率和色彩模式。

步骤1：选择"文件→新建"命令。

步骤2：如图5-6所示，在打开的"新建"对话框中可以设置图片的名称，根据设计要求，设置宽度和高度尺寸，分辨率为350像素/英寸，颜色模式为RGB、8位，背景内容为白色（背景内容通常设定为白色，也可以使用透明的颜色）。设置完成后，单击"确定"按钮，新建文件完成。

图5-6　设置新建文件

2. 打开文件

步骤1：选择"文件→打开"命令，或者按快捷键Ctrl+O。

步骤2：在打开的"打开"对话框中选择要打开的文件，单击"打开"按钮，如图5-7所示。

图5-7　打开选择文件

3. 保存文件

农产品宝贝图片处理好后需要保存结果，操作步骤如下：

步骤1：选择"文件→保存"命令。

步骤2：在打开的对话框中选择保存位置，设置文件名和文件格式，单击"保存"或"存储为"按钮，如图5-8所示。

图片的保存格式一般为JPEG；若需要透明背景图，则选择PNG格式；在设计制作中为了方便以后修改，可将文件保存为PSD文件格式；对于颜色相对单一的图片或单色的文字图片及动画的图片，可以保存为GIF格式的文件。

图5-8　保存文件

4. 裁剪

裁剪工具是较常用的工具，类似于日常生活中使用的剪刀，操作简单，但要裁剪出合身的衣服、漂亮的窗花，可不是那么容易的，其中也有很多的技巧。下面对裁剪工具的使用方法及相关技巧进行讲解。

（1）裁剪规则图形。宝贝首图的要求是正方形，而拍摄出来的照片一般是4∶3的比例，需要通过裁剪工具将图片处理成正方形。操作步骤如下。

步骤1：选择"文件→打开"命令，找到图片所在路径，选中后单击"打开"按钮（后面操作中，打开文件步骤操作简写为"打开文件"）。

步骤2：选择裁剪工具。单击"工具箱"中的工具按钮 ▣ 或按快捷键C，按住Shift键不放，从左上角向右下角拖出一个正方形的选区，将鼠标指针放在虚线边框左下角，当出现双箭头标志时，拖动鼠标调整正方形的大小，虚线方框内高亮的部分是裁剪后保留的内容，外面的区域是裁剪的部分，按Enter键确认裁剪，裁剪后的效果如图5-9所示。

（a）　　　　　　　　　　（b）

图5-9　裁剪效果

（a）裁剪；（b）裁剪后

步骤3：选择"文件→存储为"命令，输入文件名，图片一般存储为JPG格式，选择保存位置，单击"保存"按钮（后面操作中，保存操作简写为"保存文件"）。

（2）校正角度倾斜图片。如图5-10所示，因为拍摄时相机角度倾斜，造成了农产品的角度倾斜，利用裁剪工具可以将其调整正确。操作步骤如下。

图5-10　需要调整的宝贝图片

步骤1：打开文件。选择裁剪工具或按快捷键C，按住Shift键拖出一个正方形虚线框，当拉到图片边界不能移动时，松开鼠标和Shift键，如图5-11所示。

步骤3：将鼠标指针放在虚线框右下方，当变成双箭头时，按住Shift键，调整虚线框的大小把需要选择的车厘子的图片选中，松开鼠标和Shift键。

步骤4：将鼠标指针放在虚线框的一个角上，当出现"⤴"箭头时，按下鼠标左键旋转，对虚线框与车厘子图片的方向进行一定的调整，同时拖动虚线框让农产品车厘子处于中间位置，然后松开鼠标，如图5-12所示。

图5-11　拖出裁剪框　　　　　　　图5-12　调整虚线框

（3）放大裁剪，突出细节，在淘宝网的宝贝描述中经常要用到产品细节图，除了在拍摄时可以微距拍摄出细节特写照片外，还可以将拍摄后的原图放大，从放大后的图片中裁剪出需要保留的细节。如图5-13和图5-14所示，将原始图片放大后，裁剪出局部细节并编辑。

5. 优化

在拍摄过程中，由于光线、技术、拍摄设备等原因，拍摄出来的商品图片往往会有一些不足的地方，为了把商品最好的一面展现给买家，用Photoshop优化图片就显得尤为重要了。下面主要介绍淘宝网常用的两种Photoshop优化图片方法。

图5-13 原图

图5-14 裁剪后

（1）调整曝光不足或曝光过度的图片。当拍摄出的商品图片存在曝光不足或者曝光过度现象时，可利用Photoshop工具来进行适当的调节，优化前后对比效果如图5-15所示。

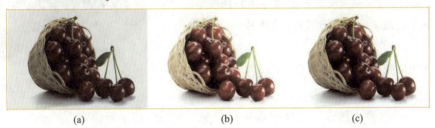

(a)　　　　　　　　(b)　　　　　　　　(c)

图5-15 图片的对比图

（a）曝光不足；（b）曝光过度；（c）优化后的效果

1）曝光不足。调整曝光不足的图片，具体操作步骤如下。

步骤1：选择"文件→打开"命令，并创建背景副本层，效果如图5-16所示。

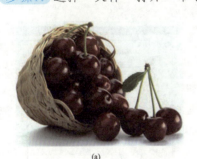

(a)　　　　　　　　　　(b)

图5-16 新建图层

（a）商品原图；（b）"背景副本"图层

步骤2：确保"背景副本"图层为选中状态（此层为蓝色），选择"图像→调整→曝光度"命令，如图5-17所示。

图5-17 "图像→调整→曝光度"命令

步骤3：打开"曝光度"对话框，分别设置曝光度、位移和灰度系数校正的数值，设置完成后单击"确定"按钮。

●曝光度：主要对图像明暗度进行调整，向左拖动滑块可以使图像变暗，向右拖动滑块可以使图像变亮。

●位移：拖动滑块可以调整图像的明度。

●灰度系数校正：对中间色调的影响较大，将滑块向右移动会变亮，向左移动会变暗。

步骤4：根据步骤3对图像曝光度进行整体调整，图像整体变亮，效果如图5-18所示。

2）曝光过度。调整曝光过度的图片，具体操作步骤如下。

步骤1和步骤2同"曝光不足"内容。

图5-18 图像整体变亮

步骤3：确保"背景副本"图层为选中状态，选择"图像→调整→曲线"命令，如图5-19所示。

图5-19 "图像→调整→曲线"命令

步骤4：打开"曲线"对话框，设置曲线的走向，可以使用鼠标将曲线拖动到任意位置上，单击曲线可以添加多个节点，使调整的图像效果更准确。曲线的走向如图5-20所示，设置完成后单击"确定"按钮。

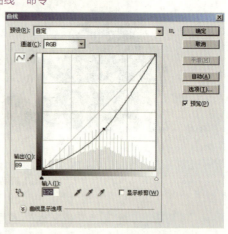

（2）偏色农产品图片调整。在拍摄图片时，经常会因为光线色温、环境色干扰等原因拍摄出一些偏色的图片。如果买家收到的产品色彩与看到的图片颜色不一样，会影响买家的购物体验，从而增加

图5-20 "曲线"对话框

客服售后的工作量，甚至产生中、差评。因此，在拍摄产品照片后，一定要对偏色的图片进行调色处理。

　　如图5-21所示，车厘子本身的颜色明显偏暖色，下面利用色阶工具和直方图来将其调整为正确的颜色。操作步骤如下。

步骤1：选择"窗口→直方图"命令，如图5-22所示。

步骤2：在直方图面板的右上角，单击小三角
　　　　标志，在弹出的下拉菜单中选择"全部通道视图"选项，如图5-23所示。

图5-21　偏色图片

图5-22　选择"直方图"命令

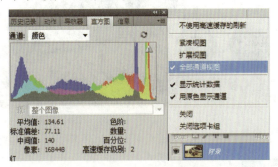

图5-23　选择"全部通道视图"选项

　　在调色原理方面，网络图片一般为RGB模式，通过直方图可以很直观地查看每个通道的色阶分布情况，将图5-24所示的红、绿、蓝三色阶峰值调整在一条垂直线上时，偏色就可以得到调整。

图5-24　偏色矫正

步骤3：选择"图像→调整→色阶"命令，在色阶面板中选择红色通道，调整白色三角向左移动到色阶波峰位置，在直方图中观察红色通道的色阶波峰向右移动。

步骤4：用同样的方法将其他几个通道进行调整，使直方图中红、绿、蓝通道的色阶波峰在垂直线上。

步骤5：调整图片的"曝光度"。

偏色调整前后效果对比如图5-25所示。

图5-25　偏色调整前后效果对比

小结

通过直方图观察红、绿、蓝三色通道色阶的波峰的位置，利用色阶工具调整三个通道色阶的波峰，使其处于同一垂直直线上，偏色会得以校正，同时调整图到合适的亮度。

6. 抠图

（1）直边规则图形的抠图（多边形套索工具）。对于边界是直线的物体（如产品包装盒、计算机屏幕等），在抠图时可以用多边形套索工具（见图5-26）处理。

图5-27所示是一个产品包装盒拍摄的原图，要将包装盒从背景中抠出来，放在一个新建的背景文件中，具体操作如下。

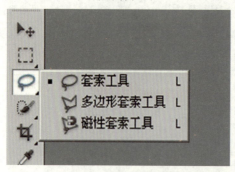

图5-26　多边形套索工具

图5-27　产品包装盒

步骤1：在套索工具上按住鼠标2~3 s，选择多边形套索工具。

步骤2：按住Alt键不松，将鼠标的滚轮向前滚动，图片会放大显示，向后滚动，图片会缩小显示（不改变图片本身大小，只是改变显示的大小）。当图片放大显示后，在创建选区时会更准确。用多边形套索工具沿着包装盒的边缘，不断地单击创建选区，如图5-28所示。

图5-28　用多边形套索工具勾边

步骤3：图片放大以后，在编辑区不能完整地显示包装盒，当用多边形套索工具沿着包装盒的边单击选择到编辑窗口的边界时，包装盒的其他部分是看不到的，这时可以按下空格键，直接切换到抓手工具，拖动调整、显示接下来要选择的盒子的部分。

松开空格键继续用多边形套索工具沿着盒子的边缘进行选择，这样与抓手工具配合交替操作最终与起点重合，多边形套索工具的右下角会出现小圆圈，当终点和起点重合时，会生成一个虚线的选区，按住Alt键，将鼠标滚轮向后滚动或用放大镜工具，将图片缩小显示，会看到建立好的选区，如图5-29所示。

图5-29　已被选中的车厘子的包装盒

步骤4：进行反向选择，将包装盒后面的背景选中（快捷键为Ctrl+Shift+I），按Delete键删除不需要保留的背景，如图5-30所示。

图5-30　已删除背景的包装盒文件

步骤5：选择"文件→新建"命令，如图5-31所示。在打开的"新建"对话框中设置"名称"为"包装盒背景"，"预设"为"自定"，宽度、高度比原来的尺寸稍大一点（为正方形的尺寸），"分辨率"为72像素/英寸，"颜色模式"为RGB颜色、8位，"背景内容"为"透明"。

步骤6：在图层面板中新建图层，并为其添加需要的颜色。

步骤7：在新建的文件中，选择"编辑→粘贴"命令或按快捷键Ctrl+V，如图5-32所示。完成抠图并保存。

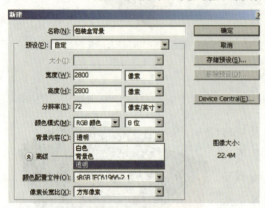

图5-31　新建画布

图5-32　完成稿

（2）背景色单一的抠图。在抠图过程中，有一些图片的背景色相对单一，并且与要抠的主体颜色与亮度上有明显的区别。对于这类图片，使用魔棒、快速选择工具进行抠图或处理白底图效果会更好。

1）矩形、椭圆选框工具（按快捷键M选择选框工具，按快捷键Shift+M可以切换为矩形选框工具和椭圆选框工具）。选择矩形、椭圆选框工具，按住鼠标左键，在画布中拖动就可以创建一个矩形或椭圆形选区，然后可对选区内的内容进行复制、剪切、填充等操作。

示例：图5-33所示是一张用单反相机拍摄的原始大图，图片尺寸为宽5184像素、高3456像素，在做农产品宝贝描述图时，可以将图片放大至100%显示，用矩形选框工具和椭圆选框工具选中大图中的细节部分，进行复制或裁剪，做成细节展示的效果。

图5-33　最终效果图

以制作图5-33所示的细节展示效果为例，主要用矩形、椭圆选框工具来操作演示。具体操作如下。

步骤1：打开图片，如图5-34所示。

步骤2：新建一个宽度为1410像素、高度为595像素的画布，如图5-34所示。

步骤3：单击工具箱中的矩形选框工具 ，在页面中绘制一个矩形选区，并对矩形选区填充相应的颜色（R、G、B分别为251、219、220），如图5-35所示。

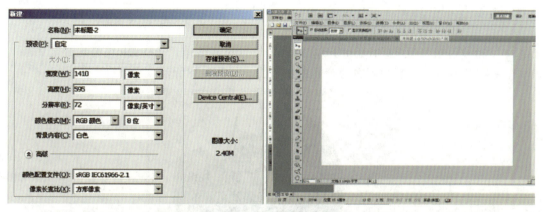

图5-34　新建画布

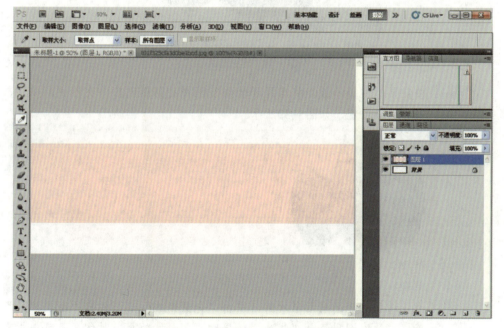

图5-35　绘制矩形选区、填充颜色

步骤4：选中车厘子的特写图片，单击工具箱中的椭圆选框工具 ，同时按住Shift键绘制一个正圆选区，如图5-36和图5-37所示。

图5-36　车厘子的原图

图5-37　椭圆选区工具选中的细节

步骤5：按快捷键Ctrl+Shift+I，将选区进行反向选择。按Delete键将选中选区删除，保留的部分为产品的细节图，如图5-38所示。

图5-38　删除选区

步骤6：按住鼠标左键不放，将车厘子的细节图拖动到新创建的文件中，并调整其大小与位置，如图5-39所示。

图5-39　细节图放置在新建文件中

步骤7：为了增加一定的画面层次感。双击"背景副本"层，弹出"图层样式"菜单，给本图层添加"描边"效果和"阴影"效果。具体参数可根据自己的需求来确定，如图5-40所示。最终背景效果如图5-41所示。

步骤8：利用工具箱中的文字工具 **T**，输入相关的介绍性文字信息，最终效果如图5-33所示。

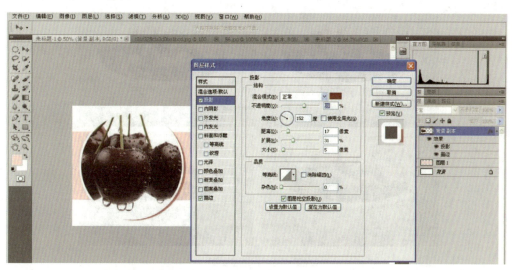

图5-40　添加"图层样式"

图5-41　背景效果

2）魔棒工具。图5-42所示为魔棒工具及其属性栏。用魔棒工具单击一个位置的像素时，计算机会以单击处的像素为参照，根据容差值对周边连续的或整体图片中与之相近的像素进行判断并建立选区。

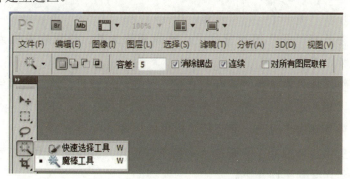

图5-42　魔棒工具及其属性栏

为了更直观地理解容差值，如图5-43所示，以同一张车厘子图片在相同的位置（图中原点的位置），分别以容差值为5、10、20、35进行单击选择，通过选择的虚线范围的大小，可以得出：当容差值越大，选取的范围就越大，反之选取的范围就越小。

图5-43　容差值比较

如图5-44所示，将装在容器中的车厘子从背景中抠出来，与背景图（见图5-45）进行结合。

图5-44　车厘子图片

图5-45　背景图片

具体操作如下。

步骤1：打开"车厘子"、"背景"图片。

步骤2：在"车厘子"图片窗口中，选择魔棒工具。设置容差值为15、消除锯齿、连续。

步骤3：在属性栏中单击"添加到选区"按钮，这样可以将每次单击后产生的选区相互添加在一起。在车厘子后面的背景区域，不断地单击直到所有的背景都选中为止，并且已将选中的区域进行删除。

步骤4：选中已经删除了背景的"车厘子"图片，按住鼠标左键不放，将图片拖到"背景"图片中。

步骤5：按住快捷键Ctrl+T，对"车厘子"图片的位置进行调整。最终效果如图5-46所示。

图5-46　最终效果图

3）钢笔工具。钢笔工具是Photoshop抠图工具中功能非常强大且最常用的一种工具，对于圆弧形体和规则物体的图片都能轻松抠出圆滑、精确的图片。钢笔工具 ⬮ 的快捷键为P。操作方法比较简单，易掌握。

具体操作如下。

步骤1：选择钢笔工具后，在所需抠图主体的边缘处任意地方进行单击，出现一个锚点（锚点是在路径中连接线的点，可以添加、删除、移动）。

步骤2：沿着抠图的边单击，出现下一个锚点，不要松开鼠标左键，沿着边的方向拉伸或旋转，调整两个锚点间的弧线，当弧线紧贴主体的边时松开鼠标。

步骤3：按住Alt键调整方向与下一步抠图的方向一致。

步骤4：沿着抠图主体的边缘，重复同样的操作将抠图的主体全部选中。

步骤5：按组合键Ctrl+Enter将选中部分的变为选区。

步骤6：按组合键Ctrl+Shift+I（反向选择）将背景选中，并按Delete键将背景删除。

经验分享：

●当抠图主体的边是直边时，单击锚点后直接放开鼠标左键不用调整，就会出现一条直线。

●当调控锚点已经到编辑窗口的边界时，可以松开鼠标，按住Ctrl键移动鼠标以调整另一端的锚点，让弧线与主体边沿吻合。

7. 组合

对于在单色背景上拍摄出来的农产品，为了增加效果，有时需要将前期所抠出的图片放置在不同的背景中进行组合。在整个过程中，只需要选择工具箱中的选择工具 ⬮，选中需要移动的产品素材图片，按住鼠标左键不放将图片移动到合适的背景图片中，再将鼠标左键松开即可。

第二节　农产品图片后期制作

　　不管是线下传统的营销，还是线上的网络销售过程，都需要漂亮而能吸引买家眼球的宝贝图片。

　　促销广告图的制作，在整个营销推广过程中起着重要的作用。好的促销广告被视为"优秀的促销员"。同样在网店运营过程中，图片就显得尤为重要，精美的图片是可以吸引买家购买欲望的。

　　有时候促销的宝贝图片看起来很漂亮、很精致，但是点击转化率并不高，不能为店主或厂商带来一些订单。所以制作促销的宝贝图片时，还需要有正确的设计思路。

一、农产品推广图制作

（一）加标签

　　在一张宝贝图片中，为了使关键的信息点更加醒目，可以合理地加上相应的标签。如图5-47所示，在搜索列表页中，宝贝主图的促销图的标签会相应地增加宝贝的点击率。

图5-47　农产品主图的促销图标签

　　具体操作如下。

　　步骤1：打开一张"车厘子"的图片，如图5-48所示。

图5-48　"车厘子"原图

步骤2: 如图5-49所示，设置前景色为红色，用矩形选框工具 ▣ 在图片的右上角画一个矩形。

步骤3: 选择文字工具 T，输入"包邮"等文字，填充白色，并调整文字的位置与图形相对应，如图5-50所示。

图5-49　创建矩形标签

图5-50　添加文字

　　除了用钢笔工具建立形状图层的方法设置标签外，还可以使用自定义形状工具 ▣ 来设置其他形状的标签。以车厘子的白色底图为例，选择自定义形状工具 ▣，选择封印图形 ●，将前景色设置为红色，并在车厘子的右上角空白的地方画出一个圆形的封印图形（按住Shift键可以画出正圆），如图5-51所示。添加文字效果，如图5-52所示。

　　使用自定义图形中的合适图形做标签是一种方便、实用的方法，操作比较简单。

图5-51　画封印圆形标签　　　　　　　　　　　图5-52　添加文字

（二）加文字

描述页面将图片与文字结合，利用文字来表达图片的信息，传达给买家更直观、更确切的信息。以汉源车厘子为例，现在市面上有很多地区产的车厘子，到底真正的汉源车厘子是什么特点呢？我们可以通过图片直观地给大家介绍汉源车厘子的特点。那么应该怎样才能将文字和图片完美地结合起来呢？具体操作如下。

步骤1：选择"文件→打开"命令，打开车厘子的图片，如图5-53所示，并将需要保留的"半个车厘子"图片进行抠图、保存。

(a)　　　　　　　　　　　　　　　　　　　　　　　(b)

图5-53　图文结合对比图

(a) 原图；(b) 图文结合效果

步骤2：打开"图层"面板，创建一个新图层。

步骤3：将前景色设置为白色，将"图层1"填充为白色背景，并把"图层1"的位置调整到"背景副本"的下方，如图5-54所示。

步骤4：调整车厘子至画面合适位置，如图5-55所示。

步骤5：利用工具箱中的文字工具 T，输入相关的介绍性文字信息，如图5-56所示。

步骤6：在工具箱中选择矩形选框工具 ，绘制五种不同颜色的长方形，作为能够吸引买家的文字背景，起到衬托的作用，如图5-56所示。

图5-54　图层调整后

图5-55　车厘子的图片位置调整后

步骤7： 在工具箱中选择矩形选框工具 ▣ ，在五种颜色的长方形中绘制白色的分割线，起到一定的装饰效果，再次利用工具箱中的文字工具，输入相关的文字信息，如图5-57所示。

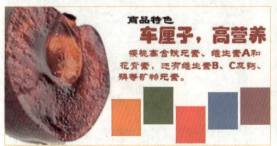

图5-56　输入相应的文字，绘制长方形

图5-57　输入文字

（三）细节放大

细节决定成败，一个好的农产品宝贝描述页面不能没有细节图的存在。制作商品细节图是一个特别需要耗费时间仔细去研究和琢磨的事情，有些卖家常常忽略细节图，总以为是小事情，有些卖家虽然放置了商品细节图，却让买家很难分辨出细节图是商品的哪个部分。细节图是展示宝贝与众不同的关键因素，农产品宝贝细节图不能过于偏离主题，要与农产品宝贝相结合，对其关键细节进行放大处理，如图5-58所示。

图5-58　放大细节效果图

具体操作步骤如下。

步骤1：选择"文件→新建"命令，新建尺寸为650×292像素、分辨率为72像素/英寸、背景内容为白色的文件。

步骤2：选择"文件→打开"命令，将需要使用的图片打开备用，如图5-59所示。对需要使用的素材图片进行相应的处理（抠图、旋转、调整位置），如图5-60所示。

图5-59　素材图片

图5-60　调整后素材图片

步骤3：在工具箱中选择矩形选框工具 ，在画面中绘制起装饰作用的矩形条，并为其填充颜色，如图5-61所示。

图5-61 添加矩形装饰条后的效果

步骤4： 在"图层"面板中新建"图层3"。

步骤5： 在工具箱中选择椭圆选框工具 ，在车厘子周围绘制圆形选区，创建选区后，右击选区，在弹出的快捷菜单中选择"描边"命令，"描边"的参数和颜色可根据自己的需要进行设置，如图5-62和图5-63所示。

图5-62 创建选区，选择"描边"命令

图5-63 描边

步骤6：重复操作步骤5，并利用工具箱中的文字工具 T，输入相关的介绍性文字信息，最终效果如图5-59所示。

经验分享：

●在使用Ctrl+T组合键进行自由变换时，按住Shift键可以等比例缩放图片，确保图像不变形。

二、农产品宝贝详情页制作

可以利用组图的方式全面展示农产品商品的各项性能与属性。例如，对于车厘子宝贝的产品介绍页面，如果页面中只摆放一竹篮子的车厘子在那里，买家不会了解到它的特点与其他同类产品的区别，这就需要引导买家了解宝贝，使买家通过宝贝详情页中的图片对该商品的功能得到更全面、具体的认知。

（一）农产品卖点介绍

下面以制作车厘子的宝贝详情页为例，介绍其具体制作方法，最终效果如图5-64所示。

图5-64　车厘子的宝贝详情页

操作步骤如下。

步骤1：选择"文件→新建"命令，新建一个空白文档。

步骤2：打开前期拍摄的车厘子及相关素材图片，如图5-65所示。

图5-65　车厘子产品图片

步骤3： 选择工具箱中的移动工具 ▶+ ，按住鼠标左键不放，将车厘子、小孩、白领图片拖到新建的文件中。选中车厘子图片所在图层，按快捷键 Ctrl+T对裁剪的图片的位置进行调整，如图5-66所示。

图5-66　图片拖拽到新建文件中

步骤4： 再次打开一张车厘子的图片，如图5-67所示。

图5-67 车厘子产品图片

步骤5：选择工具箱中的移动工具 ，按住鼠标左键不放，将车厘子的图片拖到新建的文件中，并将图片放置在合适的位置，如图5-68所示。

图5-68 调整后的图片

步骤6：利用钢笔工具 ，给最上层的车厘子图片做出弧形的边缘，如图5-69所示。

图5-69　背景的最终效果

步骤7：选择工具箱中的文本工具 ![T]，输入相应的文字，最终效果如图5-64
所示。

（二）农产品生长环境介绍

为了更好地让买家了解产品的特点，更具有吸引力，我们可以将车厘子的采摘情景和
生长环境展示给买家，使得农产品更有市场。最终效果如图5-70所示。

图5-70　最终效果图

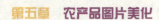

操作步骤如下。

步骤1：选择"文件→新建"命令，新建一个空白文档。

步骤2：选择"文件→打开"，打开与车厘子生长环境相关的图片，并按快捷键Ctrl+T，调整图片的大小和位置，如图5-71所示。

图5-71　调整图片的大小和位置

步骤3：用同样的方法将其他的车厘子细节图片拖到合适位置并调整其大小，如图5-72所示。

图5-72　调整其他图片的大小和位置

步骤4： 选择工具箱中的矩形选框工具 ⬚ ，绘制衬托文字的色块，并为其填充颜色，如图5-73所示。

图5-73 绘制衬托文字的色块

步骤5： 选择工具箱中的文本工具 T. ，输入相应的文字。

（三）农产品宝贝详情图片的其他部分制作

宝贝详情页的质量与宝贝的转化率有着直接的关系。做好宝贝详情页，是每个卖家必须要重视的事情。

宝贝详情页是唯一一个向顾客详细展示宝贝细节与优势的地方，顾客喜不喜欢这个宝贝、是否愿意在店里购买，一定程度上取决于宝贝详情页，99%的订单是在顾客看过农产品宝贝详情页后生成的，由此可见宝贝详情页的重要性；可以在做好了淘宝宝贝详情页后用甩手工具箱一键生成手机端淘宝宝贝详情。制作淘宝宝贝详情页前需要有一定设计思路，下面一起来看一下淘宝宝贝详情页的制作要点。

1. 详情页的组成模块（见图5-74）

1）页面头部：Logo、商店招牌等（美工优化）。

2）页面尾部：与头部展示风格呼应（美工优化）。

3）侧面：客服中心、店铺公告（工作时间、发货时间）、宝贝分类、自定义模块（如销量排行榜等），展示清晰即可。

4）详情页核心页面：单件宝贝的具体详情展示。

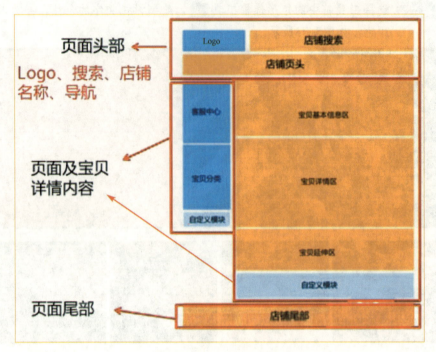

图5-74　宝贝详情页组成模块

2. 详情页的核心页面需要展示的内容

1）宝贝的基本信息表，如图5-75所示。

2）整体展示：场景展示、摆拍展示等。

3）细节展示：各部分功能、属性。

4）品牌介绍。

5）买家反馈信息：好评如潮（可选用）。

6）包装展示：一个好的包装能体现店铺的实力，给卖家放心的购物延续体验。

7）购物须知（邮费、发货、退换货、售后问题等）。

生产许可证编号：	产品标准号：	厂名：汉源县果之乡种植专业合作社
厂址：四川省雅安市汉源县	厂家联系方式：138XXXXXXXX	配料表：新鲜车厘子
储藏方法：冷藏保鲜	保质期：7	食品添加剂：无
净含量：2000g	包装方式：包装	同城服务：同城24小时卖家送货上门
品牌：果之乡	直径：23(不含)～26mm(含)	食品品种：大红灯
热卖时间：5月 6月 7月	产地：中国大陆	省份：四川省
城市：成都市	价格：101～200元	

图5-75　宝贝基本信息表

详情页的核心页面如图5-76所示。

图5-76 宝贝详情页最终效果图

图5-76　宝贝详情页最终效果图(续)

3. 制作详情页的注意事项

1）制作宝贝详情页时要注意整体协调性。在设计、制作详情页的过程中，需要对颜色、字体搭配，甚至版面结构等各方面进行整体构思。

2）按照尺寸要求制作农产品图片，以免上传后图片显示不完整。

3）制作背景图，首先需要选合适的素材图片，可以通过网络搜索，也可以使用Photoshop制作独特个性又符合气氛的背景图素材。

4）农产品宝贝详情页设计制作完成稿，一定要保存为源文件格式（PSD格式），方便后期修改、调整。

第 六 章

网店运营管理

网店运营也称为网店运作、网店营运，是指在电子商务体系中一切与网店的运作管理有关的工作，主要包括店铺商品上架及上架前的准备工作、店铺推广工具的使用、网店数据分析等相关工作。本章将以目前比较成熟的第三方平台淘宝网为例，对网店运营管理方面的知识进行介绍。

第一节 产品上架

一、上架前准备

准确有效地完成商品上架工作的前提是关键词优化、关键词排名、宝贝标题优化、商品类目的选择、商品上架时间的设置及图片上传等，掌握这些内容可以为商品上架打下基础。

（一）关键词优化

关键词优化也称为搜索引擎优化（Search Engine Optimization，SEO）。买家在淘宝网选购商品时，一般是通过在淘宝网首页的搜索栏中输入相应的关键词来搜索商品的。在同类商品数量庞大的现状中如何让商品排名在搜索结果中靠前，就需要我们掌握商品的关键词优化、关键词排名及宝贝标题优化等内容。

（二）关键词排名

淘宝网的排名规则对淘宝网卖家提高产品销量起着至关重要的作用。如何让自己的产品在淘宝网站内的搜索排名靠前，怎么样让发布的产品能够在同类产品中排名靠前，怎么样让别人找到自己的产品，针对以上问题需要了解淘宝的搜索排名规则。

具体如下：

1）在淘宝网首页搜索"宝贝"的默认显示结果为"人气"搜索结果。"人气搜索结果"是综合卖家信用、好评率、累计本期售出量、30天售出量、宝贝浏览量、收藏人气等因素来竞排的。

依据多次搜索结果测试，"淘宝网人气宝贝排名"的重要性依次为成交量>收藏人数>卖家信誉>好评率>浏览量>宝贝下架时间。

2）在淘宝网首页搜索"店铺"的默认显示结果为"信誉"搜索结果，即以卖家信用等级从高到低排序。

3）在淘宝社区各版块的网页右上角搜索结果为"人气"搜索结果。

4）在淘宝网首页左上角"我要买"的默认搜索结果，影响商品排名的关键因素有两个，分别是"剩余时间"和"是否推荐商品"，与售出量、浏览量、价格、卖家好评率、先行赔付、所在地、商品页面的排版布局和关键字频率、次数等因素基本无关。

下图以车厘子为例对"车厘子"这一关键词进行搜索，输入关键词及关键词搜索结果如图6-1和图6-2所示。

图6-1　首页搜索关键词

图6-2　车厘子搜索结果

（三）宝贝标题优化

1. 宝贝标题的设置方法

宝贝标题的设置方法如下。

1）商品的品牌名称+商品型号+关键字。

2）促销字样+促销特点+要点描述+商品关键字。

3）地域不同点+商品的品牌名称+商品关键字。

4）店铺名字+商品的品牌名称或者商品型号+商品关键字。

5）商品的品牌名称+店铺信用级别或者买家好评+商品关键字。

需要注意的是，在设置宝贝名称关键字时还要遵守《商品发布管理规则》。如果违反相关规则，宝贝将被下架，买家将不能看见宝贝并购买。

淘宝网店铺对宝贝关键词设置的长度要求是60个字符，即30个汉字。假设卖家所出售的商品是"汉源花椒"，在关键词设置时可考虑用"汉源特产、花椒、红花椒、特级、特麻、贡椒包邮"等包含商品地域性、商品名称、促销等买家常用词汇对宝贝标题进行设置。

2. 宝贝标题的设置要领

宝贝关键词的设置要从商品的各个属性和特征入手，绝大部分商品标题中可以加入商品的各种属性和特征。下面分别介绍一下这些属性和特征，以及如何拓展关键词。

（1）宝贝名称。宝贝名称是指商品本身的名字，有些商品不止一个名称。例如，多数买家将花椒称为贡椒或红椒，那么这三个词都可以放在商品标题中用作关键词。

（2）承诺。承诺是指卖家在售前、售中、售后为了让顾客放心购买而做出的保证。例如，"假一赔十""包退包换""正品保证"等承诺性的关键词也是顾客比较容易搜索的，因此也可以放入商品标题中。

（3）品牌。品牌是大部分商品都具有的一个属性。建议每一个商品标题中都要加入商品的品牌。例如，有些坚果买家通常用"三只松鼠"作为关键词进行搜索。如果商品没有品牌，则可以把"店铺品牌"或者"个人品牌"放入商品标题。

（4）信用。信用在网络零售店铺中一般指的是店铺的级别，常见的有1～5个心级别、1～5个钻石级别、1～5个皇冠级别。一般顾客会觉得店铺的信用级别越高，在其中购买商品越有保障，如果店铺有一定的级别高度，那么建议可以在商品标题中加入信用级别作为关键词，例如，"钻信用""四钻老店""双皇冠推荐"等都可以作为关键词放入标题中。

（5）物流。物流环节也是网络店铺和实体店铺交易流程上差异最大的一个环节，很多种类的商品销量不佳就是因为买家顾虑物流环节的风险。那么在设置商品标题关键词时可以加入和物流信息相关的词，如"EMS专场""破损包赔""五层包装"等。

（6）促销。促销是指卖家向顾客传达店铺和商品信息，说服和吸引顾客购买其商品的行为过程。促销是店铺推广的核心手段之一，不但可以帮助卖家留住顾客，而且可以帮助卖家拉来顾客。顾客在搜索商品时，促销信息也是搜索概率比较高的关键词。如"满百包邮""两件包邮""卖一送一""秒杀""超值换购"等。

例如，对"车厘子"这一商品该如何进行关键词优化。结合上述对关键词的理解该商品的关键词应设置为"特级车厘子四川特产大樱桃500g包邮破损包赔"。

（四）商品类目的选择

淘宝网目前在线商品数超过10亿个，如何精准地帮助顾客找到其想要的商品，就需要卖家在商品上传时进行商品类目的选择。商品类目就是用于商品的分类和属性管理，类目层次及类目选择直接影响商品的搜索和展现效果。

商品类目通常划分为三个层次，分别是一级类目、二级类目、三级类目。"花椒"这一商品的类目层次如图6-3所示。

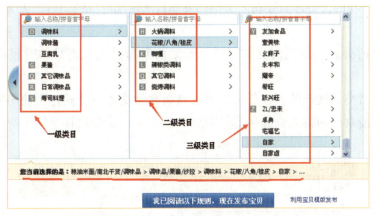

图6-3 类目层次

选择商品所属类目的方法有两种：一是快捷找到类目，如图6-4所示；二是在使用过的类目中查找商品类目，如图6-5所示。

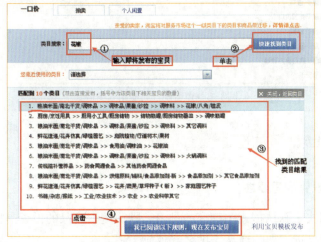

图6-4 快捷找到类目

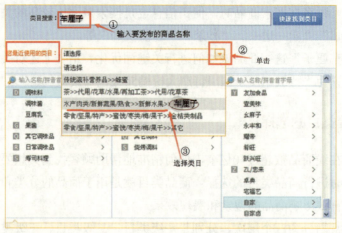

图6-5　在使用过的类目中查找

快捷类目查找的优势：只要输入关键词就能自动匹配对应的类目，大大缩小了选择的范围。

在使用过的类目中查找的优势：适用于之前发布过同类商品的类目选择，方便、快速。

在进行商品类目选择的时候还可以通过高级搜索功能查看同行所使用的类目。在淘宝网首页高级搜索栏中输入商品名称就可以查到竞争对手是放在哪一个类目里面的，如图6-6所示。

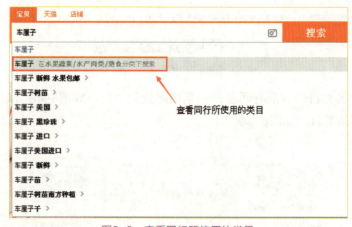

图6-6　查看同行所使用的类目

（五）商品上架时间的设置

1. 上架时间设置的重要性

商品上架时间决定默认搜索关键字的排名。默认搜索商品的位置是按商品下架剩余的时间来排定的，越接近下架的商品，排名就越前。

通常在商品下架前的数十分钟内可以获得很靠前的搜索排名。依据剩余时间决定排名的先后也是对所有卖家公平的一个原则。因此，店铺商品在即将下架的一天到数小时，特别是最后几十分钟内，将获得最有利的宣传位置。

2.　上架时间的设置

商品上架是按天数来计算（分为7天和14天两种选择）的，因此，商品下架最佳时间也就是商品上架最佳时间。

首先选择上架时间为7天比选择14天多了一次下架的机会，可以获得更多的宣传机会。其次商品一定要选择在黄金时段（上架黄金时段将在本章第三节进行介绍）内上架。在具体操作中，可以选择在11：00～16：00、19：00～23：00这两个时间段上架，每隔半小时左右发布一个新商品。为什么不同时发布，原因很简单，同时发布也就容易同时消失。如果错开时间发布商品，那么在整个黄金时段内都有即将下架的商品，可以获得相对靠前的搜索排名，由此带来的访问量也肯定会暴增。

每天坚持在黄金时段内发布新商品。这取决于卖家要有足够多的商品来支持，每天都有新商品上架，那么一周之后，每天也都有下架商品，周而复始。对于商品数量巨多的卖家，在其他时段也可以发布一些商品，只要坚持做好细节，每天的黄金时段内都有商品获得最佳的宣传位置，流量不暴增都难。

商品上架时间的设置如图6-7所示。

图6-7　商品上架时间的设置

针对不同的商品特点，商品上、下架时间的设置是有讲究的。下面以"花椒"这一商品为例介绍商品上架时间的选择。

首先通过站内高级搜索功能查找同行销售排名靠前的商家，然后单击商品进入宝贝详情页面，查看该商家的花椒成交时间（在查看该商家商品成交时间时需注意：一般浏览并记录四页以上的成交时间，然后罗列出成交时间最为集中的时间段），然后确定我们的商品在什么时间上架，操作如图6-8～图6-13所示。

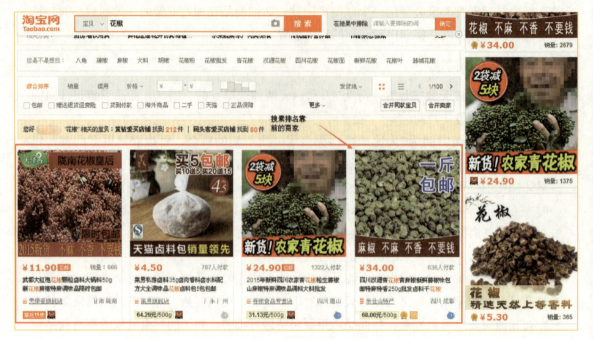

图6-8　同行销售排名靠前的商家

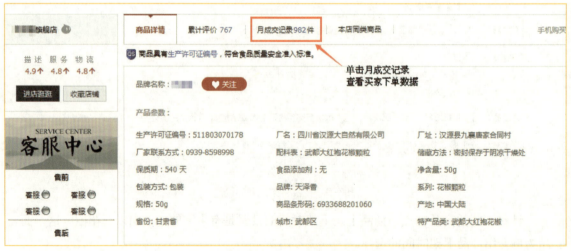

图6-9　销售排名靠前的商家宝贝详情页

图6-10　成交时间记录（一）

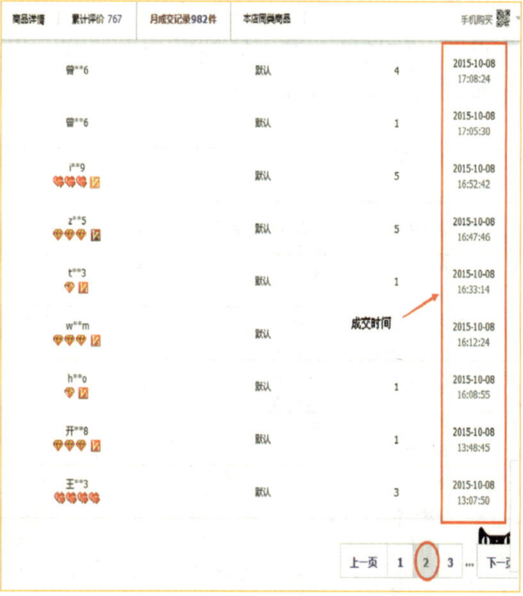

图6-11　成交时间记录（二）

图6-12　成交时间记录（三）

图6-13　成交时间记录（四）

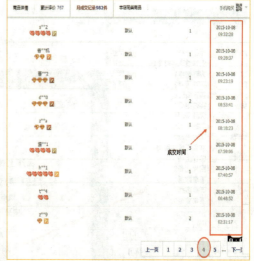

　　可见，同行销售排名靠前的"花椒"成交量最大的时间段在08～10点、16～20点、22～00点三个时间段，这说明买家在这几个时段搜索"花椒"的流量最大，处于成交量的高峰期，因此"花椒"的上架时间可以设定在22点左右。

（六）图片上传

　　在发布商品前需要把美工处理好的宝贝焦点图、宝贝详情图上传到图片空间，这样可以便于我们及时、快捷地上传图片，同时可以根据店铺活动等情况随时方便、快捷地更换焦点图、详情图。进入店铺后台，找到"店铺管理→图片空间"完成图片上传，具体操作如图6-14～图6-18所示。

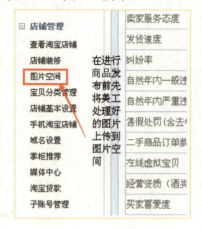

图6-14 图片空间

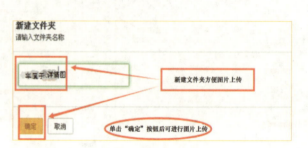

图6-15 新建文件夹

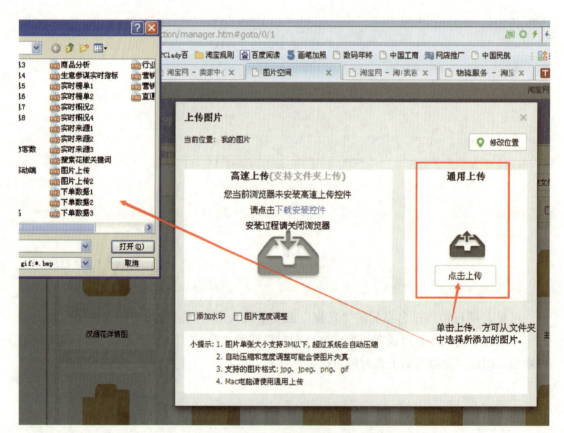

图6-16 上传图片（一）

上传文件中

⬆ 点击添加图片   查看上传成功图片

2个文件上传成功

车厘子详情8.jpg	732.23k	上传中…	
车厘子详情7.png	1020.57k	上传中…	
车厘子详情6.png	171.33k	上传中…	
车厘子详情5.png	335.81k	上传中…	图片上传中
车厘子详情4.png	414.47k	上传中…	
车厘子详情3.png	22.06k	上传中…	
车厘子详情2.png	585.30k	上传中…	

图6-17 上传图片（二）

图6-18 完成新建图片文件夹

二、上架步骤

　　商品上架是网店运营的第一环节，是开展网店运营工作的基础。以淘宝网为例，商品上架有三种方式：一口价、拍卖、个人闲置，下面着重介绍"一口价"商品的上架步骤。"一口价"方式下，卖家以固定价格出售商品，一般没有讨价还价的余地，买家可以立刻买下自己想要的商品，以最快的速度完成购买过程。

　　1）进入"我的淘宝"后找到"卖家中心"，单击"发布宝贝"。

　　2）选择商品所属类目。

　　3）填写商品信息。商品信息包括品牌、包装方式、同城服务、商品条形码、是否为有机食品、产地、套餐分量、配送频次、特产品类等。

4）宝贝标题及产品价格的设置。宝贝标题设置是否准确会直接影响商品搜索排名和店铺流量。在设置商品价格时，应事先考察同行价格和全网平均价格，便于我们正确地选择定价策略，体现价格优势。

5）上传宝贝图片。宝贝关键词设置完成后可上传宝贝图片，上传方法有以下两种。

①直接单击本地图片上传，单击后可将该宝贝焦点图逐一上传。

②在图片空间找到该宝贝的图片文件夹，打开文件夹，选择焦点图片逐一上传。

6）宝贝描述。宝贝描述信息包括字体大小的设置、文字排版、详情图添加和手机版页面的选择，图片尺寸应设置适中。

7）选择上架商品。找到"在店铺所属分类"，选择即将上架的商品。

8）宝贝物流及安装服务。首先设置新建运费模板，这个步骤比较重要，通常卖家在商品上架操作环节中容易忽略此步骤。若未对新建运费模板进行设置，会导致商品上架失败。

①新建运费模板期。

②设置发货时间。发货时间一般根据商品的性质进行设置，通常设置为24小时内发货，但是对于某些需特殊制作的商品可以进行特别设置。

③设置运费模板。设置运费模板是方便买家在店铺前台了解运费价格、卖家控制成本的做法。通常卖家应提前与物流公司签署物流合同，以便能准确地对商品首重及增加运费进行设置。

9）售后保障和其他信息的填写。售后保障和其他信息的填写是商品上架的最后步骤。售后保障主要是对卖家是否能提供发票和商品保修进行设置。一般情况下，农产品和生鲜产品不会有保修环节，发票选项通常设置为"无"。如果买家需要卖家提供发票，则可请买家在与客服沟通时备注一下。

第二节　网店推广

一、网店推广的意义

随着中国电子商务的迅猛发展，越来越多的人加入到了这个大舞台当中，从事这个行业的人也越来越多。张瑞敏说过一句话——只有成为"狼"，中国企业和企业家才能在全球化进程中与"狼"共舞，如果摆在羊的位置，结果只有被吃掉。而经营好店铺的核心就是推广，只有做好推广才能给竞争对手当头一棒。

推广的意义是引来流量，增加销量，然后盈利。本节将以淘宝网为例对网店推广方法做相应介绍。

二、网店推广的方法

（一）站内推广

在站内推广中，中小卖家常用的工具分为两大类，分别是营销入口和营销工具，都从"我要推广"这个入口进入，营销入口包括直通车、淘宝客、聚划算、钻展等，营销工具包括搭配套餐、限时打折、满就送、店铺优惠券等常用工具。

1. 营销入口

（1）淘宝客

1）淘宝客的定义。淘宝客是指通过互联网帮助淘宝网卖家推广商品，并按照成交金额获得佣金的个人或者集体。淘宝客采用的是一种按成交量计费的推广模式，只要从淘宝客推广专区获取商品代码，任何买家（包括自己）经过您的推广（链接、个人网站、博客或者社区发的帖子）进入淘宝网卖家店铺完成购买后，就可得到由卖家支付的佣金，同时提高店铺的流量。

2）淘宝客的组成模式。淘宝客中有淘宝联盟、卖家、淘客及买家四个角色，每个角色都是不可或缺的。

①淘宝联盟：一个推广平台，帮助卖家推广产品；帮助淘客赚取利润，从每笔推广的交易中抽取相应的服务费用。

②卖家：佣金支出者，他们提供自己需要推广的商品到淘宝联盟，并设置每卖出一个产品愿意支付的佣金。

③淘客：佣金赚取者，他们在淘宝联盟中找到卖家发布的产品，并且推广出去，当有买家通过自己的推广链接成交后，就能够赚到卖家所提供的佣金（其中一部分需要作为淘宝联盟的服务费）。

④买家：单纯的购买者、网购的购物人群。

3）淘宝客的优势。

①海量与精准的完美结合，40万活跃推广者深入到互联网各个领域。

②无与伦比的投资回报比（即投入和产出比），淘宝客投资回报比高达1∶16。

③将成本降到最小，让每一分钱都花在"刀刃"上，展示点击推广等全部免费，只有成交后才支付佣金，不成交则不花钱。

④走持续发展的道路，建立基于淘宝客网络的销售队伍，而不是临时的广告。

4）关于佣金。买家从淘宝客的推广链接进入店铺，购买店铺中的任何一件商品并完成支付交易（买家收货确认）后，淘宝客将得到这笔交易的1.5%～50%作为推广佣金，佣金比率由淘宝掌柜在发布推广商品的时候预先设置。

佣金分为两类：一类是类目佣金，指统一的店铺佣金；另一类是商品佣金，指个性化设置商品的佣金。

5）如何进入淘宝客。在淘宝后台中单击"我要推广→淘宝客"，就可以进入淘宝客的管理界面。

在淘宝客的管理界面上有淘宝客推广的说明，单击"马上进入"按钮可进入淘宝客推广的主界面。

6）如何加入淘宝客。淘宝客加入条件：

①掌柜的店铺星级在一颗心以上或参加消费者保障计划。

②掌柜的店铺状态是正常的。

③掌柜的店铺内有一口价的商品，拍卖的商品不能参加。

④掌柜的店铺内，商品状态正常，并且结束时间比当前系统时间晚。

⑤店铺非虚拟交易近半年的DSR评分三项指标不得低于4.5（开店不足半年的从开店之日起算）。

⑥店铺好评率不得低于97.5%。

7）加入淘宝客的步骤。

①登录"我的淘宝"，进入"我是卖家""我要推广"，然后进入"淘宝客推广"页面，如图6-19和图6-20所示。

图6-19 "我要推广"入口   图6-20 推广工具淘宝客

②阅读淘宝客推广协议，单击"同意协议并注册"按钮，如图6-21所示。

图6-21 淘宝客注册

③进入"新增计划",然后进入"设置类目佣金比率"页面。

④到淘宝联盟发帖寻找淘宝客。

(2)直通车

直通车是为淘宝卖家定制的推广增值服务,具有较强的引流作用,是店铺引流必选的付费工具。可以在店铺不同规模的经营阶段采用直通车推广,其投入费用控制灵活,效果明显,是目前淘宝网推广效果最好的付费推广工具。图6-22~图6-25所示分别为直通车开通前后访客数、流量及点击率的对比。

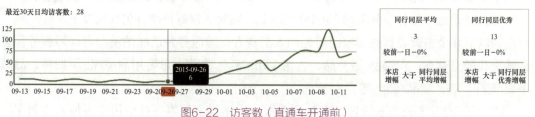

图6-22 访客数(直通车开通前)

图6-23 访客数(直通车开通后)

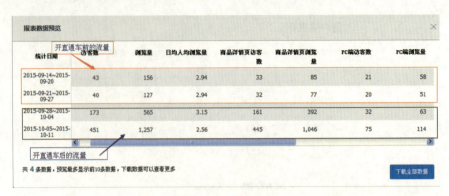

图6-24 流量对比

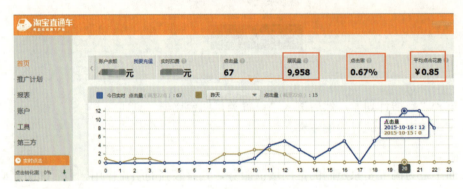

图6-25 点击率对比

1）加入直通车的条件：

①卖家级别达到两颗心（11个好评）以上，商城用户或无名良品卖家可不受级别限制。

②店铺动态评分各项分值均在4.4分或以上，同时店铺好评率在97%或以上。

③以下几个主营类目的卖家需要先加入消费者保障服务并已缴纳消费者保障服务保证金才能开通直通车：保健品/滋补品、古董/邮币/字画/收藏、母婴用品/奶粉/孕妇装、品牌手表/流行手表、食品/茶叶/零食/特产。

④腾讯QQ专区的卖家级别没有达到两颗心，建议多积累一些信用度再加入直通车，相应的信用度基础也会使店铺更有竞争力。

如果店铺主营类目是以上几个类目，在加入直通车时也会提示卖家要先加入消费者保障服务（食品、保健品、化妆品需加入假一赔三服务）。

若有累计售出记录且产品介绍里插入多个同类产品介绍，则加入直通车可达到最佳效果。对于个性化、特色、差异化产品，加入直通车效果更佳。

2）直通车的特点。直通车具有多、快、好、省的特点。

①多，指多维度、全方位提供各类报表及信息咨询，为推广商品打下坚实的基础。

②快，指的是快速便捷的批量操作工具，让商品管理流程更科学、更高效。

③好，指的是智能化的预成工具，让卖家制定商品优化方案时更胸有成竹、信心百倍。

④省，指的是人性化的时间、地域管理方式，有效控制推广费用，省时、省力、省成本。

直通车的展示位置如图6-26和图6-27所示。以上两张图片都是直通车和正常排名展示。在图片展示中我们发现，同一个商品同时出现在直通车展示区域和正常排名展示区域，这说明商家使用直通车后，商品销售量在不断增加，使该商品搜索排名靠前，展现率得到提高。

图6-26 直通车展示位置（一）

图6-27 直通车展示位置（二）

直通车的使用不仅能提高商品的展现率，而且能将此商品的排名展现在搜索页面中很靠前的位置。

3）直通车的出价技巧。直通车的出价看起来简单，但是我们常常为该出多少钱而犯愁，淘宝直通车的出价很讲究技巧，是决定直通车效果的关键指标之一。出价越高意味着排名越靠前，被展现的概率越大，带来的流量也就越多。

直通车优化策略：根据转化数据调整关键词出价，具体如下。

①删除过去30天展现量大于100、点击量为0的关键词。

②根据转化数据，找到成交量在前50位的关键词，提高关键词出价。

③根据转化数据，将关键词的花费按由高到低的顺序排序，降低转化低于2%的关键词出价。

4）直通车广告步骤。直通车的计费方式：点击扣费（首次使用直通车，在支付宝中预留500元作为开启直通车的使用金额）。

①进入淘宝直通车后台，建立投放计划。选择投放平台（计算机设备和移动设备）、投放时间、投放地域、投放方式（站内投放或站外投放），选择投放宝贝，加入关键词，添加创意图片（800×800像素）推广标题，设置默认出价定向。

②当买家来淘宝网任何地方搜索了你设置的竞价词，或者点击了你宝贝的类目的时候，你的广告就会出现，展示在搜索结果页最上方的右侧及最下方。

③如果买家点击了你的直通车广告，系统就会根据你设定竞价词的点击价格来扣费，每次点击最低0.1元。如广告只是展示，无人点击，是不计费的。

5）直通车的基本流程。直通车的基本流程如下。

①进入淘宝直通车后台的账户系统。

②选择推广计划。

③选择商品。

④编辑推广内容。

⑤选择关键词。

⑥启用类目出价。

⑦设置默认出价。

⑧完成新宝贝推广。

在关键词竞价时，对于一个商品，一般选择两或三个关键词分别竞价，最后将构成整个商品的直通车点击费用。例如，"特级车厘子　四川特产　大樱桃　500g　包邮　破损包赔"，对于车厘子这一商品，我们选择关键词"车厘子"（竞价为0.6元）作为关键词1，选择关键词"大樱桃"（竞价为0.25元）作为关键词2，最后构成该商品开通直通车的价格是0.85元。当该商品展现在直通车区域时，一旦有买家点击进入该商品宝贝详情页，直通车将自动减少0.85元。

2. 营销工具

使用营销工具能有效地提高店铺商品的成交转化率，有效提高店铺浏览量及商品浏览量。

选择营销工具的步骤：进入"我的店铺""我是卖家"，进入"营销中心"，找到"我要推广"，单击"营销工具"，其操作如图6-28～图6-32示。

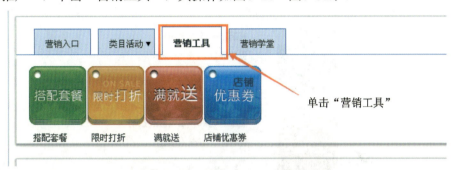

图6-28　推广营销工具入口

图6-29　营销工具的选择

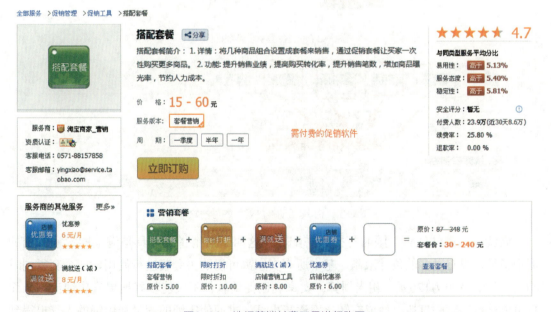

图6-30　选择营销付费工具进行购买

营销套餐

营销套餐是淘宝提供给商家的活动促销工具集合，包括限时打折、高销售量、开拓销售渠道、推广商品品牌的重要途径之一，是每个以30元/季优惠价订购。

套餐价：**120** 元（~~348元~~）

图6-31　组合套餐一年的费用

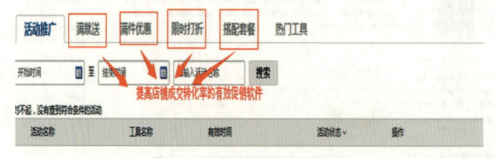

图6-32　店铺活动推广常用的付费软件

　　满就送、满件优惠、限时打折、搭配套餐这四个营销付费工具是淘宝网卖家常用的促销工具，没有过多的条件限制，基本所有卖家都可以购买套餐进行使用，四个套餐同时购买半年的费用为120元，相当划算。卖家利用促销软件不仅能较好地提升店铺流量，而且可以进行爆款的打造，使成交转化率逐步提高，进而使店铺的销量和店铺的人气也得到提高。

3. 常规硬广

常规硬广是淘宝站内推广宣传发布卖家商品的广告手段。常规硬广分布在淘宝网首页、商城首页以及各大频道页面，每天有高达1亿多次曝光，可以强势吸引买家眼球，具有超高流量和点击率，是整体营销与主题活动推广的基础资源。硬广主要包括淘宝网上的主页焦点图、Banner广告、通栏广告、画中画等。常规硬广可以形象地比喻为核武器，它不仅释放巨大的能量，而且反应非常迅速，在微秒时间内可以完成。

（1）常规硬广的分类。

1）焦点图。焦点图是淘宝首页和其他页面最核心的广告页面，它能带来巨大的流量，如图6-33所示。

图6-33　常规硬广焦点图示意

2）Banner广告。Banner广告也是硬广的一部分，发布在淘宝网首页和很多频道的首页面上，如图6-34所示。

图6-34　首页Banner广告

3）通栏广告。通栏广告也是硬广的一种形式，发布在淘宝网首页、交易类频道首页、资源类频道页面、功能交互类页面、社区等页面，如图6-35所示。

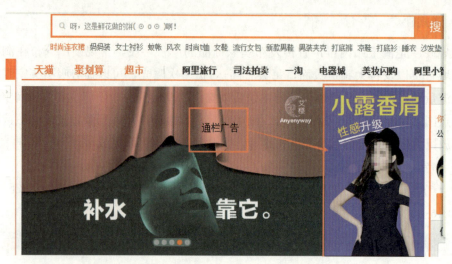

图6-35　通栏广告

4）画中画。画中画也是淘宝站内商品广告投放的一种形式，主要在淘宝网频道Detail页女人、频道Detail页服饰、频道Detail页男人等投放，也属于常规硬广的一部分，如图6-36所示。

图6-36　画中画广告

（2）常规硬广的价格和申报。

1）常规硬广的价格。常规硬广的价格见表6-1所示。

表6-1　常规硬广的价格

类别	价格区间（单价）
焦点图	1万～14万元/天
通栏广告	1万～9.5万元/天
Banner广告	1万～4.5万元/天
画中画	1万～7.5万元/天

2）常规硬广的申报。如果你的店铺已经和淘宝网营销中心签署KA（大客户协议），那么每个月淘宝网营销广告部的"小二"会和你提前确定展位、投放时间及其他事项；普通情况下，如果要投放硬广，要和淘宝网营销中心的专员联系申报。

（二）站外推广

1. QQ

用QQ推广是众多卖家最常选择的一种站外推广工具。利用QQ发布推广信息贵在坚持，但是频率不宜过高，否则会引起用户反感，比如每天投放一次，久而久之，QQ用户会对所发商品逐渐熟悉而成为潜在客户。可以充分利用QQ签名、心情、说说发表商品体验信息。

利用QQ推广最好不要发布单调的店铺宝贝，可以写一些关于商品的小故事或做些小活动，例如，发两个宝贝图片然后让大家投票，从获得票数较多的宝贝中随机抽选3～5人派送店内小商品作为参与活动的奖励，通过这种参与活动提高商品关注度。

2. 微信

微信推广是一种使用很广泛的站外推广工具，具有超快的传播速度，对于卖家来说是一个新的商机，也是一种很好的推广。通过微信发布推广信息同样贵在坚持，频率不宜过高。卖家可以申请微信账号和微信公众账号，利用微信账号可以通过微信朋友圈发布商品信息和图片，同时借助朋友圈内的朋友进行转发。微信公众账号可以成为卖家店铺的一张名片，在公众账号里可发布店铺品牌的创立过程和店铺商品的生产加工工艺等，让更多关注我们的顾客更加了解我们的企业和商品，这样可以培养他们成为我们的忠诚粉丝。

3. 社区论坛

社区论坛是一个网络版块，不同的人会围绕同一主题引发讨论。淘宝论坛是大家学习、交流、发帖的场所，认真回帖，其他卖家也可能成为店铺的潜在客户。基本上淘宝的绝大多数卖家的集中地都在社区论坛，多"露露脸"，在发表评论的时候可以推广自己的店铺和热销商品。

4. 微博

微博是一种互动及传播速度极快的工具，是一种可以及时发布信息的平台。不论新浪微博还是腾讯微博，都可以进行店铺和产品信息的发布。微博具有互粉转发这个应用功能，这些应用不仅可以增加粉丝量，还可以赚取积分，发布高分微博，让粉丝量高的人帮助转发。新人发帖一定要注意，发对版块，不要发广告帖、无用帖，一旦被论坛限制就得不偿失。要推广店铺，可以在头像上面下下心思，可以将头像设置为店标，曝光度就会提高。

第三节　数据管理

　　数据管理是运营好店铺较为重要和必须掌握的要领，后台数据分析可以帮助卖家较为客观地对店铺进行运营管理，分析经营状况等。以淘宝网为例，淘宝网后台的数据管理工具有生意参谋和数据魔方，普通卖家通常选择的数据管理工具是生意参谋，因生意参谋操作简易，数据统计全面，也是免费使用的。

　　生意参谋是在量子恒道统计基础上衍生的数据管理工具，是为淘宝网店铺量身打造的专业店铺数据统计系统，开通服务后，通过统计访问使用者店铺的用户行为和特点，帮助使用者更好地了解用户喜好，为店铺推广和商品展示提供充分的数据依据。生意参谋的入口如图6-37所示。

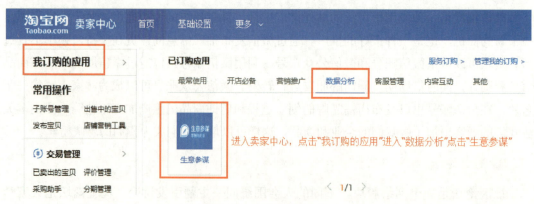

图6-37　生意参谋的入口

　　下面以后台数据管理工具意参谋为例进行阐述。生意参谋数据管理工具由实时分析、行业排名、经营状况（流量分析、商品分析、交易分析）、市场行情四个模块构成。本节我们将着重围绕实时分析、经营分析，交易分析进行详细介绍。

一、实时分析

　　实时分析主要用于及时反映当前店铺的所有概况，其包含的子数据项目有实时概况、实时来源、实时榜单、实时访客。

（一）实时概况

实时概况，主要反映当前店铺的访客数、流量、下单金额及支付卖家数量在当天不同时段的变化情况，卖家可以随时查看店铺的交易额、访客数及成交笔数，如图6-38所示。

图6-38 实时总览

（二）实时来源

通过实时来源，可以针对访客的到店路径进行分析，让卖家方便快捷地掌握流量来源，便于卖家做出有针对性的推广策略。通过图6-39，我们可以得知实时来源的主要分布情况。

图6-39 实时来源的分布

（三）实时榜单

通过实时榜单，主要掌握店铺宝贝的销售排名，卖家可通过这一数据了解店铺宝贝中当日被浏览的宝贝情况及宝贝的销售数量和金额，如图6-40和图6-41所示。

图6-40　实时访客TOP50

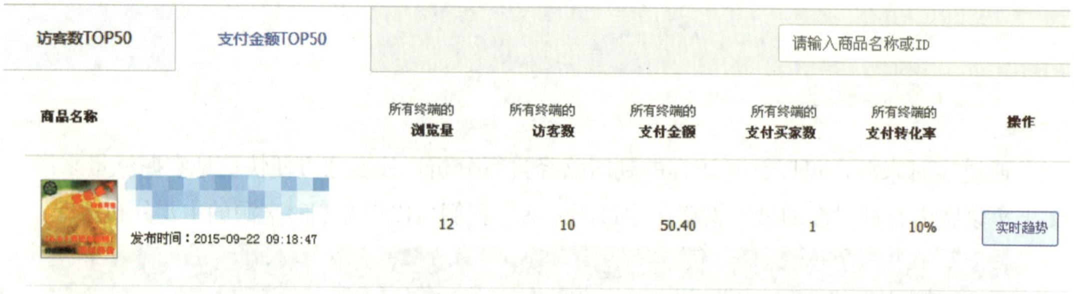

图6-41　实时支付金额TOP50

（四）实时访客

实时访客的数据可帮助卖家准确地查看到店的ID来源，以及访客到店访问了哪些宝贝页面，方便卖家掌握店铺宝贝被浏览的情况，如图6-42所示。

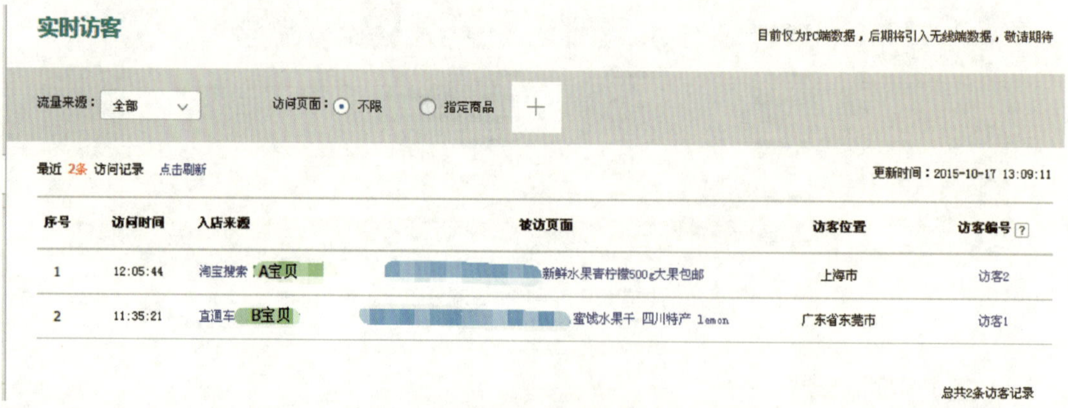

图6-42　实时访客

二、经营分析

经营分析囊括了店铺运营过程所需要的所有数据，子数据项目达到119项，其中重点对流量分析、商品分析、商品效果、分类分析进行详细介绍。卖家可以结合自己店铺的商品特征、消费者定位、商品定价等因素选择不同的数据筛查，准确地分析店铺运营概况，就店铺目前所存在的问题进行诊断分析，并找出解决方案。

（一）流量分析

流量分析中展现了店铺的一些基本流量数据，通过查看该页面，能够了解店铺的流量概况、流量地图、访客分析、装修分析，有利于卖家掌握数据，通过数据分析找到店铺存在的问题，制订解决方案。

流量概况包含店铺流量总览、流量趋势、流量来源排行、访客行为、访客特征。通过流量概况数据，卖家可以方便地查找店铺问题，制订解决方案，如图6-43所示。

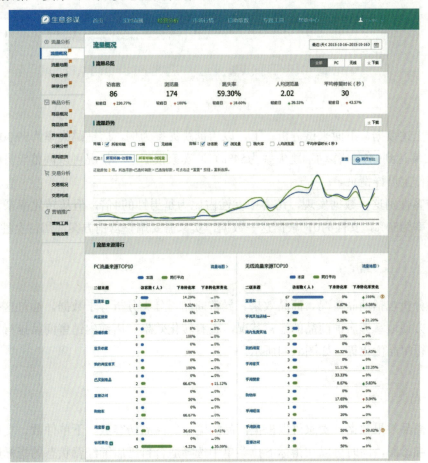

图6-43　流量概况

图6-43 流量概况（续）

结合上述数据，下面来试分析一下，以店铺跳失率为例，店铺跳失率为59.30%（其中CP端跳失率达到94%，移动端跳失率为54%），卖家根据这一情况可以调整宝贝详情页或者重新制作宝贝详情页。

从访客性别这一数据发现，访客中女性占比为是男性的4倍，但从转化率来看，男性购买转化率为50%，女性为0，根据这一数据，卖家需要调整营销方案，留住女性访客。

（二）商品分析

商品分析包括商品概况、商品效果、异常商品、分类分析等子数据，通过这些数据，卖家可以方便地掌握店铺商品的经营状况，查看转化效果、店铺内销售商品排行、分析商品走势进行单品优化等，如图6-44所示。

（三）商品效果

通过商品效果数据，卖家可以根据商品浏览量、商品访客数、下单件数、支付金额进行商品明细诊断，同时可以在指标下拉菜单中选择适合自己店铺经营状态的指标进行统计分析，如图6-45所示。

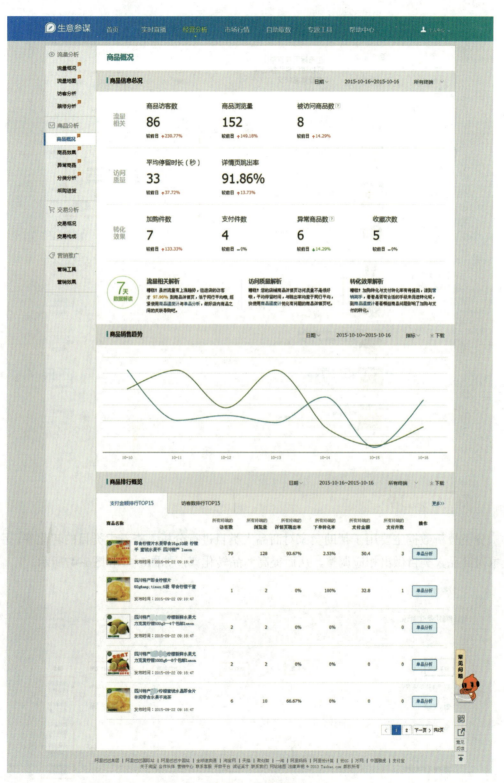

图6-44 商品概况

图6-45 商品效果

（四）分类分析

分类分析数据主要用于帮助卖家对商品大类目进行分析，查看大类目的转化率，引导卖家对商品大类目做出相应调整，从而提高商品转化率，如图6-46和图6-47所示。

分类分析

商品分类引导转化　　　　　　　　　　　　　　　　　　日期∨ 2015-10-16~2015-10-16

自定义分类　**商品类目**

商品类别	商品数	访客数 ⇕	加购件数	下单转化率	操作
蜜饯/枣类/梅/果干	4	82	6	3.66%	查看趋势 商品详情
新鲜水果	5	6	1	0%	查看趋势 商品详情
代用/花草/水果/再加工茶	1	1	0	0%	查看趋势 商品详情
蜂蜜	1	0	0	0%	查看趋势 商品详情
调味品/果酱/沙拉	0	0	0	0%	查看趋势 商品详情

图6-46 分类分析（一）

图6-47　分类分析（二）

三、交易分析

交易分析包括交易概况和交易构成两个子数据。通过交易概况，卖家可以得知店铺商品转化率的构成、在同类目下的交易发展趋势及与同行的交易对比；通过交易构成子数据，卖家可以获得交易终端构成比例，查看店铺类目的构成，掌握店铺商品销售价格的区间及店铺资金回流的构成，如图6-48～图6-52所示。

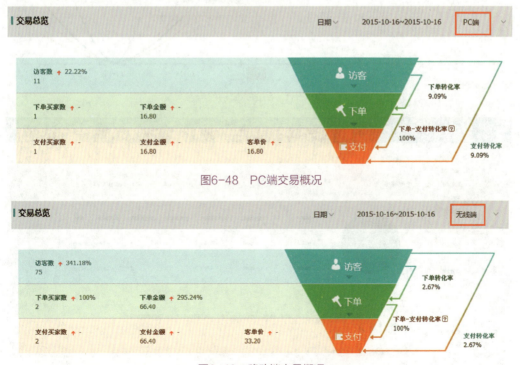

图6-48　PC端交易概况

图6-49　移动端交易概况

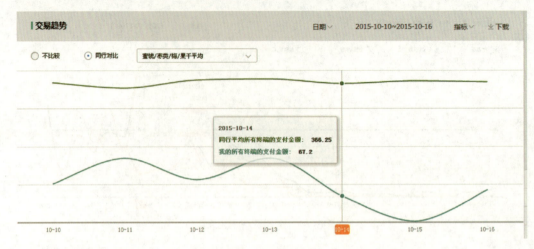

图6-50　交易趋势

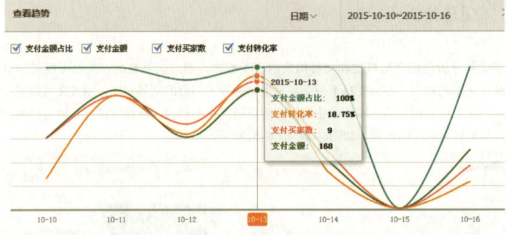

图6-51　多指标交易趋势

图6-52　交易构成数据

图6-52　交易构成数据（续）

四、营销效果展示

营销推广，主要分析营销策略的效果。通过营销效果数据，卖家可以针对目前的付费营销或活动进行营销方案的调整，做到切实可行、不浪费有限资源、节约资金，如图6-53和图6-54所示。

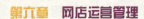

图6-53　营销效果展示

图6-54　营销效果

第七章

网店客服与管理

　　网上开店除了要求有良好的产品和美观的店铺装修外，优质的客户服务（以下简称客服）也是很重要的。有技巧的网店客服可以促进商品的成交，提高顾客的回头率，建立店铺的口碑和品牌。完整的客服内容包括售前服务、售中服务和售后服务三部分。为提高交易成功率和顾客满意度，客服人员需要掌握接待、聊天、回复等基本语言技巧。本章以"千牛"卖家版这一客服工具为例，介绍客服基础知识。

第一节 客服售前准备

客服技能及客服品格等是开展客服售前准备工作的前提。售前准备是企业在顾客未接触产品之前所开展的一系列刺激顾客购买欲望的服务工作。一个良好的客服人员应该做好以下售前准备工作。

一、客服技能准备

客服人员一般不需要太高深的电脑技能，但是需要掌握基础的电脑知识，包括熟悉Windows系统，会使用Word和Excel，会发送电子邮件，会管理电子文件，会上网搜索和找到需要的资料；在文字录入方面，至少应该熟练掌握一种输入法，盲打速度能达到每分钟80个汉字。

网店客服人员应该熟悉网点的购物流程，主要是在顾客遇到操作上的问题时，及时给予指导，使其顺利完成购物的操作流程，将订单转化为有效订单。

一笔正常订单的交易流程是通过商品比对→决定购买→支付货款→物流发货→确认收货→交易评价这六大步骤完成的。做客服工作前必须熟练掌握网购流程的每一个环节。

一个标准订单的处理流程：从订单生成开始，销售客服人员就要对买方要求进行备注；订单一旦提交到系统以后，审单员需要对订单进行审核，查看地址是否详尽，商品编号是否齐全，有无缺货等；财务人员核实付款后，制单员即开始打印订单，并登记快单号，登记后交给配货员验货；检验员逐个核对订单，看有没有发错、漏发等；再由打包员打包、秤重，录入系统，然后录到淘宝后台，至此订单处理完成。

二、客服品格准备

（一）诚信

商家在强调诚信的同时，作为客服人员，我们也应该秉持诚信的工作态度，诚信待客，诚实工作，诚实对待失误和不足。

（二）耐心

网上在线服务客户，需要客服人员有足够的耐心。有些客户喜欢问比较多、比较具体的问题，也是因为客户有疑虑或者比较细心，这个时候，客服人员应耐心地解释和解答，打消客户的疑虑，满足客户的需要。

（三）细心

客服人员面对店铺中少则百种多则千种的商品，每天面对不同的客户，处理数十订单，需要非常细心地去对待客服工作。一点点的错漏和贻误，都会耗费更多的时间和精力来处理。

（四）同理心

同理心就是把自己当作客户，设身处地来体会客户的处境和需要，给客户提供更合适的商品和服务。

（五）自控力

自控力就是控制好自己的情绪。客服是一个服务性工作，客服人员首先要有一个好的心态来面对工作和客户，态度好也会带动客户的买单率。网上有形形色色的人，有好说话的，也有不好说话的，遇到不好说话的客户，客服人员需要控制好自己的情绪，耐心解答客户的问题，有技巧地应对。

三、产品知识准备

（一）商品专业知识

以汉源花椒销售为例，客服人员应全面地对四川特产之一——花椒的种植条件、种植过程、采摘过程、营养价值、适用人群、使用方法等进行了解，与此同时，花椒是汉源县的地理标志，那么客服人员还应该对汉源的地貌、地理环境、生态环境等比较熟悉。

（二）商品周边知识

客服人员必须了解其他卖家出售花椒的情况，如同行出售不同等级花椒的价格、花椒等级的划分、不同等级的特征、辨别特级品的方法、花椒在烹调时的使用方法等情况。这样，客服人员在回复买家关于不同类商品的差异的问题时，可以更好地回复和解答。

（三）网站交易规则

1. 交易规则

客服人员应该把自己放在商家的角度来了解网店的交易规则，以更好地把握交易尺度。有的时候，顾客可能第一次在网上交易，不知道该如何进行，这个时候，客服人员除了要指导顾客去查看网店的交易规则外，还需要在某些细节上耐心地指导顾客如何操作。此外，客服人员还要学会查看交易详情，了解如何付款、修改价格、关闭交易、申请退款等。

2. 支付宝等支付有关的流程和规则

了解支付宝及有关交易的原则和时间规则，可以指导客户通过支付宝完成交易、查看交易的状况、更改现在的交易状况等。

3. 物流及付款知识

（1）付款。目前网上交易一般通过支付宝和银行付款方式实现。银行付款一般建议采用银行转账方式，可以网上银行付款、柜台汇款、ATM机汇款。告知顾客汇款方式的时候，应详细说明是银行卡，还是存折，以及银行卡或存折的号码、户主的姓名等。

客服人员应该建议顾客尽量采用支付宝等网上付款方式完成交易。如果顾客因为各种原因拒绝使用支付宝交易，需要判断顾客是不方便，还是有资金安全等方面的顾虑；如果顾客有其他的考虑，应该尽可能打消顾客的顾虑，促成通过支付宝完成交易；如果顾客确实不方便，应该向顾客了解他所熟悉的银行，然后提供给相应准确的银行账户，并提醒顾客付款后及时通知。

（2）物流。物流方式有多种，需要了解不同物流方式的价格、速度、联系方式、查找方式等，具体如下。

1）了解不同物流的运作方式。

①邮寄。邮寄分为平邮（国内普通包裹）、快邮（国内快递包裹）、EMS，是常用的方式。

②国际邮寄。这种方式包括空运、陆运、水路。

③快递。快递分为航空快递包裹和汽运快递包裹。

④货运。货运分为汽车运输和铁路运输等。

2）了解不同物流方式的价格，如如何计价，价格的还价余地等。

3）了解不同物流方式的速度。

4）了解不同物流方式的联系方式，准备一份登记有各个物流公司电话的通讯录，同时了解如何查询各个物流方式的网点情况。

5）了解不同物流方式应如何办理查询。

6）了解不同物流方式的包裹撤回、地址更改、状态查询、保价、问题件退回、代收货款、索赔的处理等事宜。

7）掌握常用网址和信息，如快递公司的联系方式、邮政编码、邮费查询、汇款方式、批发方式等。

四、客服工具准备

"千牛"是"阿里旺旺"的升级版，"千牛"分为移动端和PC端两种，这里将着重介绍"千牛"卖家工作台的使用方法。

（一）搜索"千牛"

在百度上搜索"千牛卖家工作台"即可找到下载入口，如图7-1所示。

图7-1　百度中搜索"千牛"

（二）下载"千牛"

打开下载页面会发现两个版本，一个是PC端版本，另一个是移动端版本，根据情况下载相应版本即可，如图7-2所示。

图7-2　PC端或移动端下载

（三）登录"千牛"

下载"千牛"到电脑桌面后，可进行登录，一般使用淘宝账号登录，如图7-3所示。

图7-3　千牛登录界面

五、"千牛"卖家工作台常用功能介绍

"千牛"是卖家一站式工作平台，是整合卖家服务的辅助平台。其核心是为卖家整合服务、店铺管理工具、经营咨询信息等，借此提升卖家的经营效率。

客服人员需掌握"千牛"卖家平台的基本工具有"千牛"工作台首页、爱用交易，掌握买家浏览店铺的产品痕迹、停留时长等信息。

（一）"千牛"工作台首页

在进入"千牛"卖家工作台后，打开聊天工具，可以进行最新信息的处理，如图7-4所示。

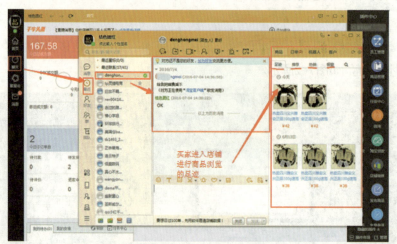

图7-4　买家留言及商品浏览

在"最近联系"列表中，绿色标示的表示有买家在线咨询或留言，在右侧的"商品"栏目下面，卖家可以查看正在在线与我们交流的买家在店铺浏览过哪些商品，对于卖家而言，可以了解买家的喜好，可以进行有效推荐。

首页聊天界面的右侧有该买家的相关订单信息，需要卖家及时做出处理，如图7-5所示。

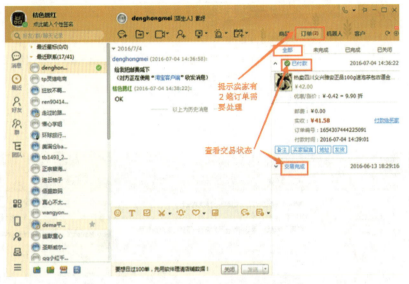

图7-5　订单处理提示及交易状态显示

在卖家与买家沟通洽谈过程中，若买家已下单但未完成支付，卖家此时可以使用"催付工具"，如图7-6所示。

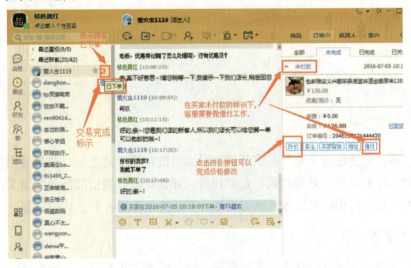

图7-6　修改价格

当页面出现未付款标志时，客服人员需要及时通过催付工具，或者与买家交流，积极促成交易，若此时双方达成一致，卖家可以通过"改价"按钮完成价格修改及买家完成付款，如图7-7和图7-8所示。

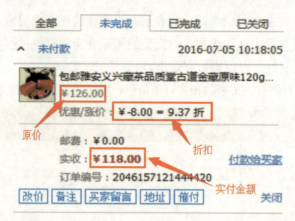

图7-7　完成价格修改

图7-8　买家完成付款

（二）爱用交易

爱用交易，是使用"千牛"卖家版的客服人员的常用工具之一。通过爱用交易可以完成订单管理、打单发货、差评拦截、自动评价、评价管理、短信关怀等客服工作，一名合格的客服人员必须对相应工具做到熟练操作。下面简单介绍各个工具的功能。

1. 订单管理功能

订单管理栏目包括订单管理、催付管理、物流管理等子栏目，下面将逐一介绍经常使用的工具功能。

（1）订单管理。通过此工具，客服人员可获知待发货信息、已完成订单数、是否评价等信息，可以促使客服人员尽快处理订单完成发货，如图7-9所示。

图7-9　订单管理

（2）催付管理。当买家下单但未完成付款时，客服人员可通过催付管理工作实现有技巧的催付，使买家尽快完成付款，促使交易成功，如图7-10所示。

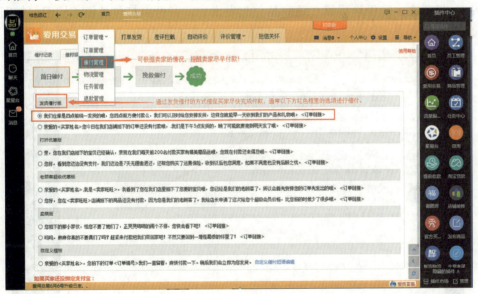

图7-10　催付管理

（3）物流管理。通过物流管理工具，客服人员可查询已通过第三方（如快递公司）发出的快递信息，帮助买家随时跟踪快递走向，如出现物流延迟的情况，客服人员应第一时间与快递公司取得联系，获知物流真实情况，及时回复买家询问，如图7-11所示。

图7-11　物流管理

2. 打单发货

通过打单发货工具，可完成订单打印、发货单打印、商品打包等工作，发货单一式三份：一份留底，一份给买家（随商品一起发出），一份由打包员做审核用，如图7-12所示。

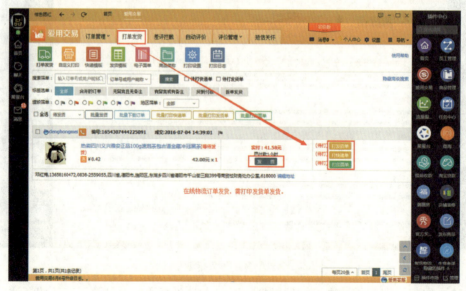

图7-12　打单发货

3. 差评拦截

针对个别恶意给予差评的买家或者来自同行竞争者的有意差评，可以通过差评拦截工具完成拦截，避免对新买家造成购买误导，造成跑单的情况，如图7-13所示。

图7-13　差评拦截

4. 自动评价

在订单数较多、客服人员日常工作比较繁忙的情况下，可以通过自动评价工具进行自动评价设置，这样可以减少售后客服人员的工作量，也能做到有效及时地对买家进行评价，如图7-14所示。

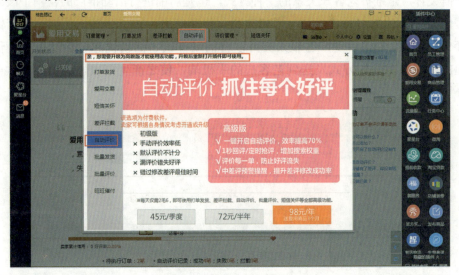

图7-14　自动评价

5. 评价管理

评价包括自动评价和批量评价，批量评价可通过评价管理工具实现，主要用于工作量不大但是评论数目较多的情况。售后客服人员可以通过批量评价的方法进行手动评价：对类似的买家给出的评价，可以采用同一条评价回复；对于个别有针对性的评价，可以视情而调整回复术语，如图7-15所示。

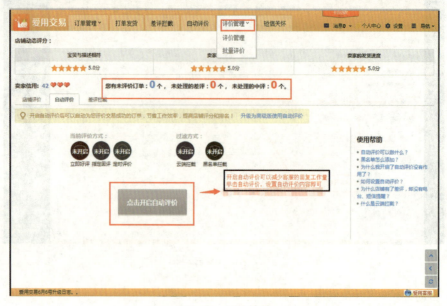

图7-15　评价管理

6. 短信关怀

短信关怀，是维护老客户关系的一种方式，也是店铺进行活动推广的营销手段。

短信关怀工具的主要功能是与客户沟通、传递信息、推广店铺。例如，某店铺要在2016年9月做一次主题活动，客服人员可以将活动方式、活动优惠、活动折扣等信息通过简短的文字以短信的方式发送到老客户的手机端，使之产生再次进店购买的欲望，如图7-16所示。

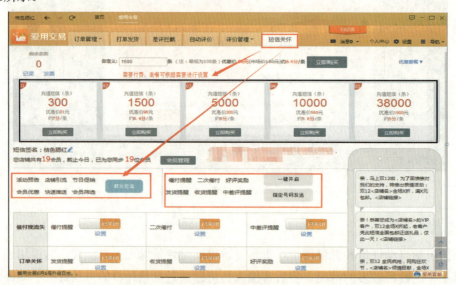

图7-16　短信关怀

# 第二节　客服售中沟通

　　客服售中沟通是指在商品销售过程中为顾客提供的服务，如热情地为顾客介绍、展示商品，详细说明产品的使用方法，耐心地帮助顾客挑选商品，解答顾客提出的问题等。

　　售中服务与顾客的实际购买行动相伴随，是促进商品成交的核心环节。优秀的售中服务将为客户带来享受感，从而可以增强客户的购买决策，在买卖双方之间形成一种相互信任的气氛。售中服务质量是决定客户是否购买商品的重要因素，因此如何提高售中服务质量尤为重要。

　　规范的接待流程可以提高工作效率，虽然很多买家也接受客服的个人发挥，但是一个共性的规则可以尽可能地提高工作效率，同时以前实践下来的成功案例可以尽量帮助我们减少重复的失误，而规范的话术则可以使我们的接待服务更加规范和专业。

一、客服工作技巧

　　客服工作技巧涵盖了促成交易技巧、时间控制技巧、说服客户技巧，针对不同的情况采用相应的技巧会提升转化率，如图7-17所示。

促成交易技巧	时间控制技巧	说服客户技巧
1.利用"怕买不到"心理 2.利用顾客希望快点拿到商品的心理 3.当顾客一再出现购买信号，却又犹豫不决拿不定主意时，可采用"二选其一"的技巧来促成交易 4.帮助准顾客挑选，促成交易 5.巧妙反问，促成订单 6.积极推荐，促成交易	1.除了回答顾客关于交易方面的问题外，适当聊天，可以促进双方的关系 2.要控制好聊天的时间和度 3.聊到一定时间后可以以"不好意思，我有点事要走开一会儿"为由结束交谈	1.调节气氛，以退为进 2.争取同情，以弱克强 3.消除防范，以情感化 4.投其所好，以心换心 5.寻求一致，以短补长

图7-17　客服工作技巧

二、客服沟通技巧

　　客服的沟通是店铺提高转化率的关键，再好的产品，也需要买家进行购买体验，客服在与买家沟通时需要掌握最基本的沟通要领，如图7-18所示。

图7-18　客服沟通要领

三、网店客户类型分析

　　1）按客户性格特征分类及应采取的相应对策如图7-19所示。

图7-19　按客户性格特征分类及应采取的相应对策

2）按客户购买行为分类及应采取的相应对策如图7-20所示。

交际型	购买型	礼貌型	讲价型	拍下不买型
对于这种类型的客户，我们要热情如火，并把工作的重点放在这种客户上	对于这种类型的客户，不要浪费太多的精力，如果执着地和他（她）保持联系，他（她）可能会认为这是一种骚扰	对于这种类型的客户，我们尽量要做到热情，能多热情就做到多热情	对于这种类型的客户，要咬紧牙关，坚持始终如一，保持微笑	对于这种类型的客户，可以投诉、警告，也可以当作什么都没发生，因各自性格决定采取的方式，不能说哪个好，哪个不好

图7-20　按客户购买行为分类及应采取的相应对策

四、客户接待流程

（一）进门问好

我们把进门问好归结为一个字——"迎"。

1）当接收到客户发送的第一个消息时，首先要做到快速反应，不能让客户等待超过10 s。

2）欢迎语包含自我介绍，具体格式如下：

　　您好，我是客服8号，很高兴为您服务，有什么我可以效劳的+笑脸表情。

　　您好，欢迎光临××旗舰店，客服8号竭诚为您服务+笑脸。

客服人员迎接客户的标准话术如图7-21所示，错误话术如图7-22所示。

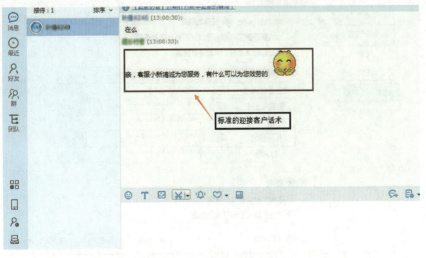

图7-21　迎接客户的标准话术

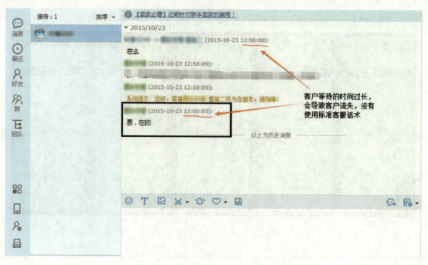

图7-22　迎接客户的错误话术

（二）接待咨询

迎接客户之后，客服人员要准备接待客户。

为了更好地接待客户，客服人员要做一些准备工作，包括熟悉旺旺的功能，对旺旺进行特别的设置。例如，在聊天设置方面，可以取消"联系人上下线通知"这一功能，因为客服人员大多时候是被动地接受客户呼入咨询，一般没有时间去关注客户的上下线并和他们进行沟通。

还有一个重要的设置是取消"闪屏振动"这一功能，因为很多买家一上来什么都不说就振屏，这样会给客服工作带来很大的干扰。可在旺旺后台取消这项功能，如图7-23所示。

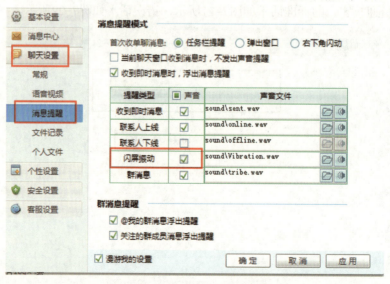

图7-23　取消"闪屏振动"功能

客服工作台还有一个很重要的设置，即勾选并设置"客户等待多少秒钟以后提醒我"。一般情况下，客服人员可能会同时接受多个客户的咨询，有可能会对某些反应不太积极的客户回复不及时，甚至忘记去回复。在设置等待提醒功能以后，系统就会在设定等待时间内没有得到回复的客户ID旁边显示一朵小黄花，说明该客户有新的留言，提示客服人员及时查看并做出相应回复，这有利于跟踪每一个客户的咨询。

　　相对线下沟通而言，在线沟通有很大的局限性，因为客服人员不能用声音或肢体语言来表达，在很多情况下很容易给客户造成误解，在这个时候可以用旺旺表情代替客服人员的表情和手势，可以说旺旺表情就是客服人员在线沟通的代言者。

注意事项：

1）回复及时，给客户留下好印象（黄金6秒）。

2）避免用词简单、生硬而影响客户体验（加语气词）。

3）一切为了让客户留得更久（先交朋友）。

4）注意网络交易安全（专业的形象）。

5）搭配适当的旺旺表情（亲和力加分）。

（三）推荐产品

　　向客户推荐产品，就要学会能根据客户的需求方向去"说"。说，就是向客户介绍产品，继而引起这个客户对产品的兴趣，并且根据其反应调整推荐产品的方向，如图7-24所示。

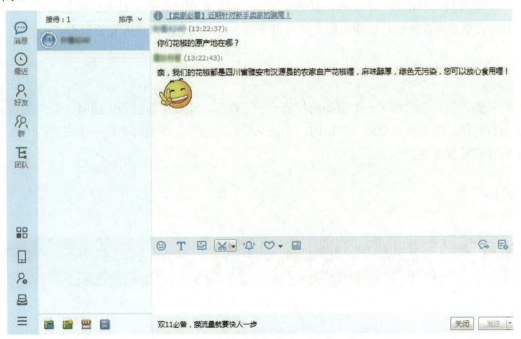

图7-24　推荐产品

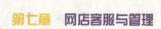
（四）处理异议

在跟客户沟通和推荐产品后，客户可能会产生一些异议，为很好地处理异议，客服人员要学一个新的技巧——"应"。应，就是在沟通的过程中，对客户提出的各种问题进行回应和解释。"应"以解决买家的异议并促成其购买为第一目的。

（五）促成交易

前面说到了"迎、说、问、应"四个技巧，接下来学习第五个技巧——"察"。察，就是观察客户，在第一时间搜索客户的身份、性格、脾气、购买力、交易历史等信息，在整个沟通过程中不断地"察"。察，有助于我们了解客户的性格，说客户爱听的话，挖掘客户的潜在需求，同时激发客户购买意向，还能帮助我们判断客户的真正意图，并圆满解决售后问题。

（六）确认订单

确认订单是重要的一步，又是客服人员经常忽略的，很多问题的产生就是由于没有多确认一下。

确认订单的时候，要注意KISS（Keep It Simple and Stupid）原则，即这些信息要简明扼要。

（七）下单发货

下单发货可以作为一个工作流程的交接，一般就是把已经成交且付款的有效订单录入到ERP订单管理系统中，以便库房人员可以下载、打印发货单，进入发货流程。

（八）礼貌告别

礼貌告别，也蕴含了一个重要的技巧——"收"，即在沟通过程中适时、恰当地对问题进行收尾，暗示客户结束一个话题。无论交易成功与否，我们都要用一个完美的"收"来向客户礼貌告别。

第三节 客服售后处理

客服售后处理是指在商品出售以后所提供的各种服务活动。售后服务本身是一种促销手段，在追踪跟进阶段，客服人员采取各种形式的配合步骤，通过售后服务来提高客户的满意度，建立店铺的口碑，对提高客户的回头率有直接作用。

售后服务中的日常工作基本分为三类情况。

1）对于正常交易，基本没有太复杂的问题，只有一些小问题需要客服人员去跟进解决一下。

2）对于有纠纷的交易，需要根据淘宝网规则和服务范围及时处理，以免破坏客户的购物体验和品牌形象。

3）基础售后，进行客户维护，这是为了提高买家黏合度，为下一步进行老客户营销打下基础。

一、正常交易的处理

正常交易中的日常工作包括正常发货流程以后的查单、查件，以及管理一般客户的售后评价，并针对某些评价做出相应的解释。

查单、查件分为两种情况：一种是客户主动呼入查单，另一种是因为一些特殊原因造成物流情况异常。无论是哪种情况出现问题，我们都要做到三个字——快、热、诚。

快，是快速的反应（售中，把握好黄金6秒；售后，至少在客户呼入的前30秒内及时回复）。

热，是热情的回复。

诚，是要客户有被以诚相待的感觉（以诚相待、以情动人）。

正常交易中的日常工作还有一项，就是要做好客户评价的解释。而评价的解释无外乎分两种，一种是正面评价，另一种是负面评价。

一般来说，我们可以有的放矢地选择一些特别好的正面评价来做回复，以提醒其他客户关注到这条正面评价。这类客户的特点一是乐于分享，二是他有成为忠实客户的潜力，如果可以多一点鼓励和关怀，他们将成为我们最好的口碑营销载体。

负面的评价可以帮助我们从客户回馈的问题中进行自查，提醒我们对客户进行维护，评价解释更是帮助我们扭转不良印象的法宝。

（一）评价解释的处理方式

1）要真正认识到自身存在的问题。当客户反映不满时，我们首先要从自身找问题。应该这样理解，每一次客户的不满和由此产生的一些负面的评价，实际上都是在提醒我们要在以后加以避免。

2）学习这样一种心态——有则改之，无则加勉。与客户在评价解释中正面争吵是没有意义的，因为说赢客户不代表解决了这个问题，也会对后面的客户造成不良影响。

3）要学会积极沟通、真诚道歉，与给出负面评价的客户进行真诚的沟通，并且给出一些补偿性的解决方案，最佳的结果是能够取得客户谅解。

4）如果有机会，应该积极争取请客户改善原有的评价。这并不只包括页面上的评价内容，因为商城店的评价是不能修改的，但是我们的努力是希望以后这个客户继续购买，成为我们忠实的客户，改善我们在他心目中的评价。

例如，针对客户反映发货速度慢的解释，说明因为买家拍下商品后没有确认所需颜色，客服人员经过多日联系才找到客户，所以发货迟了；针对客户投诉客服人员态度不好的解释，说明因为买家反复还价，客服人员只是一直依照规则告知公司规定，等等。但是要注意不能无中生有，一定要在有事实依据的基础上，向其他消费者暗示问题的关键并不在客服方面。

（二）评价解释的处理规则

1）评价解释属于公开信息的展示，千万不要把评价解释当作我们与客户之间的私密对话，最重要的是展现给其他客户看，一定要注意专业的形象。

2）文字要多才能引起他人注目，字越多占的位置就越大，才越能引起别人的注意。尤其是一些负面评价，写得很详细，那么我们的评价解释也要有针对性，解释得更周全。

3）如果能够做到评价解释将心比心，则能达到更好的效果。人性化的文字是更有生命力的，大度谦和、勇于承担责任能够给后面的买家留下良好的印象。

4）除了不要辱骂和指责客户以外，更要注意遵守淘宝网的相关规则，个别卖家在负面评价的评价解释里边把买家的地址和联系方式公布出来，这种行为属于公开他人的隐私，将会受到网站规则的处罚。

二、纠纷交易的处理

纠纷交易是指在交易行为成立以后，客户因为种种原因产生不满，而发生纠纷的交易。

（一）纠纷的类型

交易纠纷分为三种：产品纠纷、物流纠纷、服务态度纠纷。

1. 产品纠纷

产品纠纷就是客户对产品的品质、真伪、使用方法、使用效果、容量、尺码、体积等相关因素产生怀疑而导致的纠纷。

专业的知识和耐心的引导是很重要，所以我们要有礼有节、耐心地指导客户。在安抚客户的过程中，语气要委婉，并且能做到冷静分析、耐心引导。

当遇到可能是因为产品质量而产生的纠纷的时候，我们首先应该对这个问题进行分析，有可能真的是产品质量不过关，也有可能是客户对这个产品有误解，再或者是客户使用方法不当，这些都是可能的。

处理这类纠纷的建议：

1）产品质量不过关，可以让客户提供图片或者证明，退还或者退款。

2）当客户对产品有误解的时候，可以向客户解释产品的特性。

3）当客户使用方式不当的时候，可以引导客户了解产品的正确使用方法。

正确处理由于产品质量问题引起的退换货处理方法如图7-25所示。

图7-25　由于产品质量引起的退换货处理方法

还有一种关于产品纠纷的情况，就是商品与客户的预期有较大差距，其原因可能是买家对产品期望值过高，也可能是产品被描述得过于夸大，还可能是在线销售客服人员夸大产品功效。

在处理这类问题的时候，需要核实产品的描述是不是有夸大的现象，预防措施就是要避免夸大其词地去宣传产品，一定要提前向客户说明一些容易造成误会的细节，避免产生纠纷。

2. 物流纠纷

物流纠纷就是客户对选择的物流方式、物流费用、物流时效、物流公司服务态度等方面产生质疑而导致的纠纷。

物流纠纷当中常见的现象就是发货、送货的时效性及物流费用的问题。

无论是哪种原因造成的问题，客服人员都有义务做好解释说明工作，因为实际上快递服务多半是由卖家帮买家选择的，所以卖家也更有义务帮助买家取得更好的服务。

客户、商家、物流公司之间是三角形的服务关系，实际上客户是商家的客户，而商家是物流公司的客户，商家跟物流公司之间的问题应该由他们之间协商解决，所以应该先服务好客户。当遇到常见的物流时效性问题时，应该积极帮助客户查询，并及时回复客户，让客户感到满意。

对于一些小的纠纷或者是一些小的损失，卖家要主动地承担责任，即使是针对物流公司的投诉，也应该积极帮助客户去处理，而不应该去争论究竟谁的责任。

在物流运输方面，可能还会遇到很多属于物流公司的检验力度不够、货物破损、野蛮操作等情况。遇到这些情况，首先要安抚好客户，做到先行赔付，而后期保价索偿就属于卖家和物流公司之间的约定了。

为了避免物流异常的情况，也要经常进行地域分析，包括哪家快递公司哪些地方是不到的、哪些分公司的服务比较差……在进行分析以后，就可以在选择快递的时候提醒客户，建议他们选择其他的快递公司。

3. 服务态度纠纷

服务态度纠纷就是客户对客服人员的服务态度、店铺售前（售后）等各项服务产生怀疑而导致的纠纷。

这一部分包括售中客服的态度问题，快递员的态度问题也可以归入这一部分。有些时候产生的服务态度纠纷，还有可能是因为沟通能力甚至是误会造成的，这就要延续我们在售中部分一再提到的沟通技巧和规范的问题了。

对于客户不满意的服务态度纠纷，如果是由员工的工作态度和工作方法导致的，可以通过复查聊天记录、服务过程找出问题，同时应该了解买家的想法；如果客户借故想退换货，则可以按照"七天无理由退换货"的规定执行。

当纠纷交易尚未进入投诉维权时的处理流程如下。

1）快速反应，态度好，最重要的是快速反应能让客户不过分急躁。

2）认真倾听，表达诚意，买家也许只是想发发牢骚。

3）必要时给予客户安抚和解释，要站在客户的立场为自己说话。

4）诚恳道歉，求得谅解。

5）一定要有一个以上的补救措施供买家选择。

6）执行措施以后，要及时跟进求得反馈。

当客户的投诉维权已经生成以后，首先应该有针对投诉维权交易的敏感度，每天登录"我的淘宝"以后，先关注一下"投诉/举报提醒"区域，如图7-26所示。

图7-26　纠纷数据

正确的做法是在第一时间内做出反应，有礼有节地说明问题或者误会发生的原因，然后把在聊天记录、交易记录当中对我们有利的证明有理有据地进行阐述，并且提供这些截图。只要事实依据足够充分，工作人员能感觉到卖家是本着诚信和为客户着想的态度去处理的，多数情况下是会取消这个纠纷投诉的。

在与纠纷交易客户的沟通过程中，需要注意以下几点。

1）倾听比解释更有用，应该给更多的机会让客户去说出他的真实想法。

2）措施比空说更有用，虽然安抚的话语很重要，但是实际的优惠政策不能没有。

3）结果的导向很重要，避免陷入沟通的误区。

（二）造成纠纷的后果

1. 处罚扣分

对于一般的违规，扣满12分，店铺将会被屏蔽，限制发布商品12天，严重违规累计48分，将被永久封店。扣分的细则可在淘宝网规则中查看。

2. 营销限制

淘宝网制订了参加全网营销活动的"新七条"限制，不达标就不能参加任何活动。可以到论坛通告中查看相关具体标准。

3. 搜索降权

违规的店铺将被处以全部商品排名全部靠后，例如，即使某店铺的商品卖得比其他店铺数量多，但是如果交易处罚和扣分也比其他店铺多，那么该店铺的搜索排名反而可能会排在其他店铺后面。

（三）纠纷处理注意事项

1）不要直接拒绝客户，永远不要对客户说"不"，这是一切服务的基本规范。

2）不要与客户争辩、争吵，打断客户，倾听永远比辩解更重要。

3）暗示客户有错误，不要只强调自己正确的方面或拒不承认错误。

4）"表示或暗示客户不重要"是原则性错误，每一个客户都是我们的重要资源。

5）当某个环节有变故的时候要及时通知客户，客户是享有知情权的。

（四）投诉与维权

买家发起投诉时常见维权类型有以下三种。

1. 没有收到货

没有收到货有两种情况：一种是指卖家根本没有发货；另一种是指货在途中或者卖家虚假发货，交易成功而实际上买家未收到货，造成买家实际上的经济损失。

请注意这类问题的处罚，在以"成交不卖"或"收款不发货"为原因的赔付类型中，赔付款中的商品金额部分按商品发布价格的5%计算。

2. 售后保障

售后保障是针对产品质量问题的，尤其是一些以假乱真、以次充好的交易行为。在以"正品行货"为原因的赔付类型中，赔付款中的商品金额部分按原商品价格的3倍计算。

3. 恶意骚扰

例如，买家给了中、差评，卖家多次以旺旺、电话、短信等多种方式骚扰或者威胁买家等。这种行为，可以根据《淘宝网用户行为管理规则》的相关规定对卖家进行处罚，处罚方式包括屏蔽店铺、限制发布商品并公示警告。

第 八 章

电子商务支付与安全

　　随着计算机、网络及现代通信技术的日益发展，电子商务应用也逐渐走入了千家万户，成为人们所熟悉的一种交易方式。电子商务的核心——支付方式随着计算机技术在金融领域的发展不断演变，基于互联网的网上支付方式应运而生，电子商务的网上支付问题也越来越受到人们的重视。目前在国内的网上交易中，支付方式主要有网下支付和网上支付两种。相比之下，网上支付更能体现电子商务的方便性和实用性。

　　但是，网上支付方式存在着诸如安全认证、支付标准、法律依据、维护费用等多方面亟待解决的问题。解决这些问题，单靠市场机制的自发作用是远远不够的，还需要包括消费者、商家、银行、认证机构、政府等在内的多个主体的积极参与和合作，特别是需要政府的参与和支持，建立和完善涵盖技术、金融、法律、信用、文化等全方位、多角度内容的统一的电子商务支付体系。

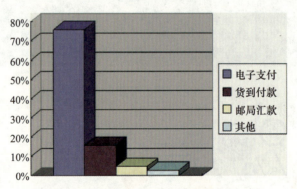

第一节　电子商务支付

　　电子商务支付系统是电子商务系统的重要组成部分，它指的是消费者、商家和金融机构之间使用安全电子手段交换商品或服务，即把新型支付手段〔包括电子现金（E-Cash）、信用卡（Credit Card）、借记卡（Debit Card）、智能卡等〕的支付信息通过网络安全传送到银行或相应的处理机构，以实现电子支付。

　　在我国电子商务发展的过程中，B2C、C2C电子商务产生了多种支付方式，包括汇款、货到付款、网上支付、电话支付、手机短信支付等方式，并且这些方式同时并存。根据艾瑞咨询最新数据，中国互联网支付用户使用较多的两种支付方式为网上银行直接支付和第三方网上支付。第三方网上支付是用户最常使用的支付方式，占比39.7%（其中83.8%的用户经常使用支付宝）；其次为网上银行直接支付，占比34.4%；再次为移动支付，占比9.0%。随着智能终端设备的快速发展，以及4G网络和Wi-Fi无线网络的覆盖，用户对移动支付的认知逐渐加深，正在养成移动支付的习惯，移动支付将成为未来支付的新趋势，如图8-1所示。

图8-1　电子商务支付方式份额图

　　在电子商务实际运作中，主要有以下几种支付方式。

一、传统支付方式

　　传统支付方式的共同特征是"网上交易、网下结算"，即消费者和商家之间只利用网络完成信息检索、订单处理、合同草拟等"信息流"的传递，而"资金流"的传递则是使用现金、票据等传统金融工具来实现的一类支付方式。传统支付方式在电子商务发展的初期阶段、在线支付环境还很不成熟的时候是完成电子商务交易结算的主要途径。

目前，在电子商务领域中常见的传统支付方式包括以下几种。

（一）邮局汇款

邮局汇款是消费者先通过邮局向商家指定的地址汇款，商家在收到汇款或通过传真等方式确认了消费者的汇款信息后，再按照消费者的订单要求发货。

邮局汇款的优点在于我国邮政网络发达，遍及全国大小城镇，特别是在经济和金融还不发达的小城镇。此外采用邮局汇款，可以直接用人民币交易，避免了诸如黑客攻击、账号泄露、密码被盗等问题，对于顾客来说支付更安全。

邮局汇款的缺点是交易双方地位不平等，交易的主动权掌握在商家手中，商家可以控制发货时间甚至决定是否发货；其次速度比较慢，普通汇款一般需要5～7天才能到达，而且收款方很难查询在途汇款；此外，顾客还必须到邮局才能进行支付，支付过程比较烦琐。

下面以京东商城的邮局汇款支付方式为例介绍汇款支付过程。

步骤1：选择"邮局汇款"选项进入邮局汇款页面，单击"确认并获取汇款识别码"按钮，如图8-2所示。

图8-2　邮局汇款支付（一）

步骤2：收到汇款识别码并在线下完成邮局汇款后，需要查看订单，并在订单详情页填写回款确认单后完成支付，如图8-3所示。

图8-3　邮局汇款支付（二）

（二）银行汇款/转账

银行汇款/转账，是消费者通过金融机构网点向商家指定的银行账户汇款/转账，以完成电子商务资金结算的一种支付方式。

银行汇款/转账的优点是速度比较快，资金比较安全，而且具有交易的可跟踪性，一旦发生交易纠纷或欺诈行为，买家可以通过法律途径从银行获取相应的账户信息和交易细节证据。

银行汇款/转账的缺点主要是跨行转账手续烦琐，小城市和偏远地区的网点少，各银行的手续费标准不完全统一，交易双方地位不平等，交易的主动权掌握在商家手中。此外，目前银行网点普遍存在业务繁忙、等待时间长的问题，从而增加了买家的时间成本。

（三）货到付款

货到付款即人们俗称的"一手交钱、一手交货"。目前，很多购物网站（京东、凡客诚品、卓越网、国美在线、当当网、苏宁易购等）都提供这种支付方式，这是目前国内电子商务活动中较流行的支付方式之一。

货到付款最大的优点在于货物和资金的交割发生在同一时点上，因而可以尽可能地保持交易双方权利和义务的对等，保护商家的货物和消费者的资金，因此货到付款也被一些电子商务网站称为"零风险支付"。

货到付款也存在着一些明显的缺点，例如：消费者需要额外支付送货费用，从而增加了购买成本；商家需要面对由于送货员个人信誉（收款员携款潜逃）缺失所造成的风险；付款方式采用现金付费，因此只局限在小额支付上等。

（四）公司转账

公司转账是不直接使用现金，而是通过银行将款项从付款公司账户划转到收款公司账户完成货币收付的一种银行货币结算方式。公司转账分为企业网银和线下公司转账两种方式。这种支付方式适用于企业的大宗网购行为。知名度高、信用度高的电子商务平台大多数要求企业转账给第三方支付平台，以京东商城公司为例，无论是通过企业网银转账还是线下公司转账，均把钱汇到"快钱"第三方支付平台公司，以确保网购者的消费者权益得有效的保护。对于一些要求直接转账到个人账户、网店收款公司账户的商家，企业一定要谨慎支出，避免网络骗局。具体的转账流程（以京东商城公司转账支付方式为例）如图8-4所示。

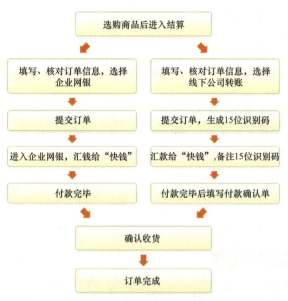

图8-4　公司转账支付流程（线上转账和线下转账）

二、网上支付方式

所谓网上支付，是指以商用电子化工具和各类交易卡为媒介，以电子计算机技术和通信技术为手段，以二进制数据形式存储，并通过计算机网络系统以电子信息传递形式实现支付。和传统支付方式相比，网上支付方式的特征是"网上交易、网上结算"，其本质是在互联网上实现传统支付方式的电子化，是传统支付体系向网络的延伸。网上支付是最能体现电子商务优势、代表电子商务领域未来支付趋势的支付方式之一。

网上支付方式主要有银行卡支付方式、电子支票支付方式和电子货币支付方式。我国比较成熟的网上支付方式是银行卡支付方式、微信支付、支付宝支付等，电子支票支付方式发展比较滞后。银行卡支付方式是目前在国内网上购物实现在线支付的最主要的手段。

（一）网上银行卡转账支付

银行卡包括信用卡、借记卡和智能卡等。

1. 网上银行储蓄卡转账支付

网上银行储蓄卡转账支付指的是电子商务的交易通过网络，利用银行卡进行支付的方式。客户通过互联网向商家订货后，在网上将银行卡卡号和密码加密发送到银行，直接要求转移资金到商家的银行账户中，完成支付。银行卡网上直接转账支付存在着安全性和方便性方面的矛盾，例如，要开通数字证书保护功能，付款人必须经过向银行申请安装数字证书、下载指定软件等多项手续，对于某些对计算机操作不熟悉的顾客而言，这是很难实现的。另外，因客户直接将货款转移到商家的账户上，如果出现交易失败的情况，那么讨回货款的过程就可能变得非常烦琐和困难。具体的操作流程（以京东商城网上银行卡支付方式为例）如图8-5所示。

图8-5　网上银行卡支付流程图（一）

步骤1： 进入"收银台"页面勾选"银行卡"复选框，单击"使用新银行卡"按钮，如图8-5所示。

步骤2： 在银行卡选择区域内直接输入卡号识别卡种或在银行列表中选择相应银行，如图8-6所示。

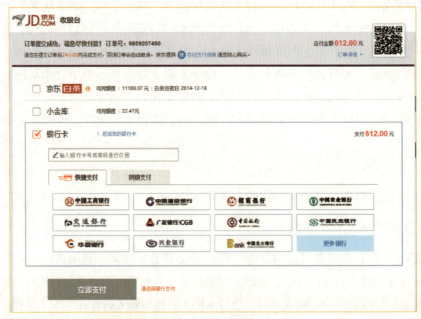

图8-6　网银卡支付流程图（二）

步骤3：输入相应银行卡的有效信息及身份信息后，立即开通且支付，即可完成
开通，如图8-7所示。

图8-7　网银卡支付流程图（三）

2. 信用卡支付

信用卡是一种较好的付款工具，在网上支付中使用较为广泛，但在使用信用卡的过程中需要注意，中国的信用卡和国外的信用卡有着本质的区别，其使用的安全性需要重点关注。国外银行用自己的信用，为所有信用卡消费进行了全额的担保。而在中国，信用卡被盗用的损失却大部分由消费者负担，少数银行（如招商银行）承诺48小时内挂失可承担一万元以内的损失。

在中国，使用信用卡进行网上支付时需要注意以下几点：

1）支付过程中要注意查看网址，避免访问假冒的购物网站和虚假网上支付页面。

2）密码的设置不要过于简单，并定期更换查询密码，以降低信用卡被盗用的风险。

3）持卡人应设置信用卡的网上支付限额。

4）信用卡的卡号、有效期、卡片背面签字栏数字为网上交易的重要信息，请妥善保管，避免外泄。

（二）第三方支付平台结算支付

第三方支付平台结算支付是指客户和商家都首先在第三方支付平台处开立账户，并将各自的银行账户信息提供给支付平台的账户中，第三方支付平台通知商家已经收到货款，商家发货；客户收到并检验商品后，通知第三方支付平台可以付款给商家，第三方支付平台再将款项划转到商家的账户中。这样客户和商家的银行账户信息只需提供给第三方支付平台，

比较安全，且支付通过第三方支付平台完成，如果客户未收到商品或商品有问题，则可以通知第三方支付平台拒绝划转货款到商家。而商家则可以在货款有保障的情况下放心发货，有效地降低了交易风险。第三方支付平台结算支付是当前国内服务数量最多的支付模式。国内当前从事网上支付的企业已经从2004年的10多家增加到现在的50多家，目前第三方支付公司中比较知名的有阿里巴巴的支付宝、易趣的安付通、贝宝、腾讯的财付通、易宝、网银在线、银联电子支付、环讯的IPS、云网等。第三方支付平台的介入，解决了电子商务支付过程中的一系列问题，如安全问题、信用问题、成本问题。第三方网上支付仅次于网银，成为网民第二大电子支付方式，如图8-8所示。2015年第三方互联网支付市场份额如图8-9所示。

图8-8　第三方网上支付交易规模

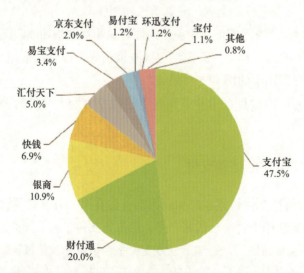

图8-9　2015年第三方互联网支付市场份额示意图

主要的第三方支付平台有以下几种。

1. 支付宝

支付宝是国内领先的第三方支付平台，从2004年建立开始，首先使用"第三方担保交易模式"，即由买家将货款打到支付宝账户，由支付宝向卖家通知发货，买家收到商品确认后指令支付宝将货款放于卖家，至此完成一笔网络交易。正是因为这种创新的支付方式，淘宝网成为国内最受欢迎的网购平台，支付宝也成为当前全球最大的移动支付厂商。

阿里巴巴集团旗下有"支付宝"与"支付宝钱包"两个独立品牌。支付宝主要提供支付及理财服务，包括网购担保交易、网络支付、转账、信用卡还款、手机充值、水电煤缴费、个人理财等多个领域。在进入移动支付领域后，支付宝为零售百货、电影院线、连锁商超和出租车等多个行业提供服务，还推出了余额宝等理财服务。支付宝与国内外180多家银行及VISA、MasterCard国际组织等机构建立战略合作关系，成为金融机构在电子支付领域最为信任的合作伙伴。2016年开始，支付宝与多地的人力资源和社会保障局合作，上线的医保移动支付平台在多家医院落地运行。

2. 网银在线

网银在线科技有限公司于2003年成立，是京东集团全资子公司，为京东的电子商务业务提供全面的支付解决方案，是国内领先的电子支付解决方案提供商，专注于为各行业提供安全、便捷的综合电子支付服务。

网银在线以"电子支付专家"为发展定位，联合中国银行、中国工商银行、中国农业银行、中国建设银行、招商银行等国内各大银行，以及VISA、MasterCard、JCB等国际信用卡组织，致力于为国内中小型企业提供完善的电子支付解决方案。目前，京东POS机后台已全部切换为网银在线系统。

网银钱包是京东金融旗下网银在线针对个人用户推出的一款支付及理财产品，提供购物付款、资金管理、消费信贷、投资理财等服务。作为京东账户体系的承载体，网银钱包的上线是京东在支付环节的整合，使京东个人账户体系成为完整闭环。

3. 贝宝

PayPal公司成立于1998年12月，是美国eBay公司的全资子公司。PayPal利用现有的银行系统和信用卡系统，通过先进的网络技术和网络安全防范技术，在全球190个国家为超过2.3亿个人以及网上商户提供安全便利的网上支付服务。

贝宝是由上海网付易信息技术有限公司与世界领先的网络支付公司——PayPal公司通力合作为中国市场量身定做的网络支付服务。贝宝利用PayPal公司在电子商务支付领域的先进技术、风险管理与控制以及客户服务等方面的能力，通过开发适合中国电子商务市场与环境的产品，为电子商务的交易平台和交易者提供安全、便捷和快速的交易支付支持。用这种支付方式转账时，会收取一定数额的手续费。

4. 财付通

财付通（Tenpay）是腾讯公司于2005年9月正式推出的专业在线支付平台，其核心业务是帮助交易双方在互联网上进行支付和收款，致力于为互联网用户和企业提供安全、便捷、专业的在线支付服务。

个人用户注册财付通后，即可在拍拍网及20多万家购物网站轻松进行购物。财付通支持全国各大银行的网银支付，用户也可以先充值到财付通，享受更加便捷的财付通余额支付体验。财付通的提现、收款、付款等配套账户功能，让资金使用更灵活。财付通还为广大用户提供了手机充值、游戏充值、信用卡还款、机票专区等特色便民服务，让生活更方便。

财付通与拍拍网、腾讯QQ、微信有着很好的融合，按交易额来算，财付通排名第二，份额为20%，仅次于支付宝。

5. 快钱

快钱公司是国内领先的独立第三方支付企业，旨在为各类企业及个人提供安全、便捷和保密的综合电子支付服务。目前，快钱是支付产品最丰富、覆盖人群最广泛的电子支付平台，其推出的支付产品包括但不限于人民币支付、外卡支付、神州行卡支付、联通充值卡支付、VPOS支付等众多支付产品，支持互联网、手机、电话和POS等多种终端，满足各类企业和个人的不同支付需求。

如今，快钱公司正在与超过139万家商业合作伙伴一起，共同见证着信息化金融服务的巨大价值。

6. 易宝支付

易宝支付（YeePay）公司是中国行业支付的开创者和领导者，也是互联网金融和移动互联领军企业。易宝公司于2003年8月成立，总部位于北京，在北京、上海、天津、广东、四川、浙江、山东、江苏、福建等20余个省市设有分公司。2013年，公司成立十周年之际，易宝支付公司发布了"支付+金融+营销"的升级战略，领跑电子支付、互联网金融行业。

易宝公益圈是互联网三大公益平台之一。为发挥电子支付的社会价值，积极践行企业的社会责任，易宝支付公司开创了网络公益新模式，倡导"人人可慈善"的理念。易宝公益圈自成立以来，已经入驻联合国儿童基金会、壹基金、扶贫基金会等50多家公益慈善机构，在汶川地震、舟曲泥石流、救助白血病儿童等捐款活动中发挥了重要作用。2013年12月，引领移动互联公益潮流，易宝公益圈手机捐款平台上线，免费午餐、上学路上公益等项目第一批入驻。同月，易宝支付和中国文学艺术基金会启动了朝霞工程专项基金。

常用电子商务平台使用的支付方式对比表如表8-1所示。

表8-1　常用电子商务平台使用的支付方式对比表

电商网站	支付方式
淘宝	支付宝、余额宝、网银支付、货到付款、蚂蚁花呗、信用卡（分期）付款、他人代付、银联在线快捷支付
天猫	支付宝、余额宝、网银支付、货到付款、蚂蚁花呗、信用卡（分期）付款、他人代付、银联在线快捷支付
京东	在线支付（财付通、快钱、环迅支付、支付宝）、货到付款、银行转账、邮局汇款、公司转账、分期付款
1号店	货到付款、网上支付、银行转账、礼品卡支付
聚美优品	货到付款、支付宝、现金券支付、余额支付、信用卡快捷支付
百度糯米团	余额宝、支付宝、在线网银、手机移动红包、拉卡拉、微信支付
苏宁易购	易付宝支付、网银支付、银联在线、货到付款、分期付款、快捷支付、门店付款、12大银行电话支付
当当网	货到付款、网银支付、银联在线、易付宝支付、邮局汇款、银行转账、当当礼品卡支付、礼券支付、支票支付、分期付款
易迅网	网银支付、支付宝、信用卡、财付通、快钱支付、环迅支付IPS（仅限上海）
拍拍网	微信支付、财付通支付
凡客诚品	货到付款、在线支付、礼品卡及账户余额支付、其他支付
亚马逊网	亚马逊支付、货到付款、支付宝、财付通、网银支付
Ebay易趣网	安付通、支付宝、财付通、网银汇款、贝宝

（三）移动支付

移动支付（Mobile Payment）也称手机支付，即允许用户使用其移动终端（通常是手机）对所消费的商品或服务进行账务支付的一种服务方式。继卡类支付、网络支付后，移动支付俨然成为支付"新宠"。随着中国第三方移动支付市场的日益活跃，人们开始逐步适应移动端，移动支付在2013—2014年得到高速发展。线上增长相对缓和后，各大第三方支付机构开始扩展线下，如餐馆、超市、商场等，使其线下消费场景的业务得到增长。数据显示，2015年中国第三方移动支付市场交易总规模达9.31万亿元，同比增长57.3%，其市场份额如图8-10所示。

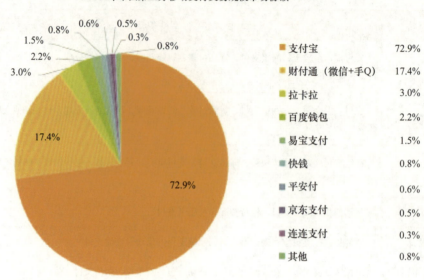

2015年中国第三方移动支付交易规模市场份额

■ 支付宝	72.9%
■ 财付通（微信+手Q）	17.4%
■ 拉卡拉	3.0%
■ 百度钱包	2.2%
■ 易宝支付	1.5%
■ 快钱	0.8%
■ 平安付	0.6%
■ 京东支付	0.5%
■ 连连支付	0.3%
■ 其他	0.8%

数据说明：只统计了中国第三方支付机构，不含银行、银联、运营商

数据来源：比达（BigData-Research）数据中心

图8-10　2015年中国第三方移动支付市场份额图

手机支付有三种实现方式。

第一种方式是手机话费支付方式，即费用通过手机账单收取，用户在支付其手机账单的同时支付了这一费用。在这种方式中，移动运营商为用户提供了信用，但这种代收费的方式使得电信运营商有超范围经营金融业务之嫌，因此其范围仅限于下载手机铃声等有限业务，交易额度受限制。

第二种方式是指定绑定银行支付，即费用从用户开通的电话银行账户（即借记账户）或信用卡账户中扣除。在该方式中，手机只是一个简单的信息通道，需将用户的银行账号或信用卡号与其手机号连接起来，如果更换手机号则需要到开户行做变更。

第三种方式是银联快捷支付，即无绑定手机支付，个人用户无须在银行开通手机支付功能，即可用各种带有银联标识的借记卡进行支付，采用双信道通信方式进行通信，非同步传输，更加安全快捷。相对而言，这种方式最为简单、方便、快捷。

1. 微信支付

微信支付是由腾讯公司知名即时通信服务聊天软件微信（Wechat）及腾讯旗下第三方支付平台财付通（Tenpay）联合推出的互联网创新支付产品。通过微信支付，用户不仅可以通过微信与好友进行沟通和分享，而且可以通过微信支付购买合作商户的商品及服务。

用户只需在微信中关联一张银行卡，并完成身份认证，即可将装有微信APP的智能手机变成一个全能钱包，之后即可购买合作商户的商品及服务。用户在支付时只需在自己的智能手机上输入密码，无须经过任何刷卡步骤即可完成支付，整个过程简便、流畅。

2015年6月，微信正式推出"指纹支付"。用户开通该功能，下单后进入支付流程，根据界面提示将手指置于手机指纹识别区，即可实现"秒付"。支付流程中，无须输入密码。

2. 翼支付

翼支付是中国电信旗下运营支付和互联网金融的业务品牌。翼支付民生应用分为线上应用和线下应用。线上民生应用是指通过翼支付客户端、门户和手机短信进行支付的各类生活服务，主要包括手机固话宽带充值、信用卡还款、火车票购买、汽车票购买、电影票购买、彩票购买、交通罚款代交、Q币充值、游戏币充值和校园卡充值，以及水、电、煤、有线电视缴费等；线下民生应用是指通过手机UIM卡介质账户、POS机、二维码、输入手机号码支付等方式在线下进行支付的各类生活服务，主要包括手机加油、公交地铁一卡通、翼机通、翼卡通、超市消费、餐饮消费等。

3. Apple Pay

Apple Pay是苹果公司在2014秋季新品发布会上发布的一种基于NFC的手机支付功能，于2014年10月20日在美国正式上线。Apple Pay只需在终端读取器上轻轻一"靠"，整个支付过程十分简单。同时，Apple Pay所有存储的支付信息都是经过加密的。

2016年2月18日，苹果公司和中国银联关于Apple Pay达成合作，Apple Pay业务正式在中国上线，中国也成了亚洲首个开通Apple Pay支付业务的国家。中国银联卡持卡人可以将他们的银联卡添加到iPhone、Apple Watch以及iPad上。Apple Pay在中国开通仅12小时添加银行卡量就已经超过3 800万张，中国将成为Apple Pay的第一大市场。

第二节　电子商务安全

2012年8月29日，瑞星公司对外发布病毒预警，曾在2010—2011年间叱咤风云的"网银超级木马"病毒的新型变种病毒再度袭来，用户在支付和使用网银时需加倍注意，避免遭受巨大经济损失。"网银超级木马"病毒的最新变种主要针对主流第三方支付平台，是一种典型的钓鱼式欺诈病毒。与此同时，腾讯手机管家软件监测到2012年恶意推广类手机病毒、隐私窃取类手机病毒、自费消耗类病毒活跃度提高，这为第三方支付和移动安全厂商带来了机遇和挑战。2014年上半年，金山毒霸软件拦截到的新增"钓鱼"网站超过60万个。中国电子商务协会公布的数据显示，每年因"钓鱼"网站或诈骗网站给网民造成的损失不低于308亿元。据了解，"钓鱼"网站、网络欺诈已取代病毒、木马成为用户上网安全的第一大威胁。

一、安全问题是实施电子商务的关键

传统的交易是面对面的，比较容易保证建立交易双方的信任关系和交易过程的安全性。而电子商务活动中的交易行为是通过网络进行的，买卖双方互不见面，因而缺乏传统交易中的信任感和安全感。美国密歇根大学通过对23 000名互联网用户的调查显示，超过60%的人由于电子商务的安全问题而不愿进行网上购物。任何个人、企业或商业机构以及银行都不会通过一个不安全的网络进行商务交易，这样会导致商业机密信息或个人隐私的泄露，从而导致巨大的利益损失。根据中国互联网络信息中心（China Internet Network Information Center，CNNIC）发布的《中国互联网络发展状况统计报告》显示，在电子商务方面，52.26%的用户最关心的是交易的安全可靠性，尤其是网上支付安全。由此可见，电子商务中的网络安全和交易安全问题是实现电子商务的关键所在。

二、电子商务中的安全隐患和安全性需求

（一）电子商务中的安全隐患

1. 用户的身份信息被盗用

攻击者通过非法手段盗用合法用户的身份信息，仿冒合法用户的身份与他人进行交易，从而获得非法利益。攻击者还以非法手段窃得对数据的使用权，删除、修改、插入或重发某些重要信息，以取得有益于攻击者的响应；恶意添加、修改数据，以干扰用户的正常使用。

2. 泄露或丢失

敏感数据在有意或无意中被泄露出去或丢失，通常包括：

1）信息在传输过程中丢失或泄露，如利用电磁泄露或搭线窃听等方式可截获机密信息，或通过对信息流向、流量、通信频度和长度等参数的分析，探测有用信息。

2）信息在存储介质中丢失或泄露，通过建立隐蔽隧道等方式窃取敏感信息。

3）对信息的篡改。攻击者有可能对网络上的信息进行截获后篡改其内容，如修改消息次序、时间，注入伪造消息等，从而使信息失去真实性和完整性。网上支付电费大多是通过网络银行进行交易的，攻击者利用对合法用户的攻击盗用合法用户的用户名及密码进行操作，对合法用户造成了巨大的损失。

3. 缺少严格的网络安全管理制度

要保障网络安全，最重要的还是要从思想上高度重视网络安全，网站或局域网内部的

安全需要用完备的安全制度来保障。建立和实施严密的计算机网络安全制度与策略是实现网络安全的基础。

4. 非授权访问

未经许可就使用网络或计算机资源被看作非授权访问，例如，有意避开系统访问控制机制，对网络设备及资源进行非正常使用，或擅自扩大权限，越权访问信息等。

（二）电子商务的安全性需求

电子商务的安全性需求可以分为两个方面，一方面是对计算机及网络系统安全性的要求，表现为对系统硬件和软件运行安全性和可靠性的要求、系统抵御非法用户入侵的要求等；另一方面是对电子商务信息安全的要求。

1）信息的保密性：信息在存储、传输及处理过程中不被他人窃取。

2）信息的完整性：包括信息在存储中不被篡改和破坏，以及在传输过程中收到的信息和原发送信息的一致性。

3）信息的不可否认性：信息的发送方不可否认已经发送的信息，接收方也不可否认已经收到的信息。

4）交易者身份的真实性：交易双方是确实存在的，不是假冒的。

5）系统的可靠性：计算机及网络系统的硬件和软件工作的可靠性，是否会因为计算机故障或意外原因造成信息错误、失效或丢失。

三、电子商务支付的安全措施

回顾我国电子商务的发展历程，支付问题始终严重制约着电子商务的发展。其中一个重要原因就是人们对于这种新经济模式支付手段的不信任，大多数人对网上支付的原理和工作方式不甚了解，存在疑惑和不信任感，因此支付问题是电子商务的核心所在。目前，我国主要用安全加密技术对支付进行有效保护。

（一）加密技术

1. 对称加密

在对称加密方法中，对信息的加密和解密都使用相同的密钥，即"一把钥匙开一把锁"。使用对称加密方法将简化加密的处理，每个贸易方都不必彼此研究和交换专用的加密算法，而是采用相同的加密算法并只交换共享的专用密钥，加密模型如图8-11所示。如果进行通信的贸易方能够确保专用密钥在密钥交换阶段未曾泄露，那么机密性和报文完整性就可以通过对称加密方法加密机密信息和通过随报文一起发送报文摘要或报文散列值来实现。对称加密方式存在的一个问题是无法鉴别贸易发起方或贸易最终方。因为贸易双方共享同一把专用密钥，贸易双方的任何信息都是通过这把密钥加密后传送给对方的。

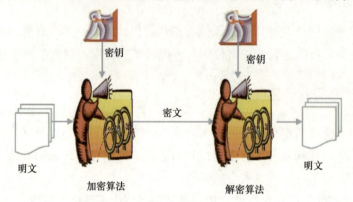

图8-11　加密模型

2. 非对称加密

在非对称加密体系中，密钥被分解为一对，即一把公开密钥或加密密钥和一把专用密钥或解密密钥。这对密钥中的任何一把都可作为公开密钥（加密密钥）通过非保密方式向他人公开，而另一把则作为专用密钥（解密密钥）加以保存。公开密钥用于对机密性文件的加密，专用密钥则用于对加密信息的解密。专用密钥只能由生成密钥对的贸易方掌握，公开密钥可广泛发布，但它只对应于生成该密钥的贸易方。贸易方利用该方案实现机密信息交换的基本过程如下：贸易甲方生成一对密钥并将其中的一把作为公开密钥向其他贸易方公开；得到该公开密钥的贸易乙方使用该密钥对机密信息进行加密后再发送给贸易甲方；贸易甲方再用自己保存的另一把专用密钥对加密后的信息进行解密。贸易甲方只能用其专用密钥解密由其公开密钥加密后的信息。

（二）密钥管理技术

1. 对称密钥管理

对称加密是基于共同保守秘密来实现的。采用对称加密技术的贸易双方必须要保证采用的是相同的密钥，要保证彼此密钥的交换是安全可靠的，同时要设定防止密钥泄密和更改密钥的程序。这样，对称密钥的管理和分发工作将变成一件潜在危险的和烦琐的过程。通过公开密钥加密技术实现对称密钥的管理使相应的管理变得简单和更加安全，同时解决了纯对称密钥模式中存在的可靠性问题和鉴别问题。贸易方可以为每次交换的信息（如每次的电子数据交换）生成唯一一把对称密钥并用公开密钥对该密钥进行加密，然后将加密后的密钥和用该密钥加密的信息（如电子数据交换）一起发送给相应的贸易方。由于对每次信息交换都对应生成了唯一一把密钥，因此各贸易方就不再需要对密钥进行维护和担心密钥的泄露或过期。这种方式的另一优点是即使泄露了一把密钥也只将影响一笔交易，而不会影响贸易双方之间所有的交易关系。这种方式提供了贸易双方之间发布对称密钥的一种安全途径。

2. 公开密钥管理

贸易双方之间可以使用数字证书（公开密钥证书）来交换公开密钥。国际电信联盟（International Telecommunications Union，ITU）制定的标准X.509对数字证书进行了定义，该标准等同于国际标准化组织（International Organization for Standardization，ISO）与国际电工委员会（IEC）联合发布的ISO/IEC 9594-8：195标准。数字证书通常包含有唯一标识证书所有者（即贸易方）的名称、唯一标识证书发布者的名称、证书所有者的公开密钥、证书发布者的数字签名、证书的有效期及证书的序列号等。证书发布者一般称为证书管理机构（Certificate Authority，CA），它是贸易各方都信赖的机构。数字证书能够起到标识贸易方的作用，是目前电子商务广泛采用的技术之一。

3. 数字签名

数字签名是公开密钥加密技术的另一类应用。其实现过程如下：报文的发送方从报文文本中生成一个128位的散列值（或报文摘要）。发送方用自己的专用密钥对这个散列值进行加密来形成发送方的数字签名。然后，这个数字签名将作为报文的附件和报文一起发送给报文的接收方。报文的接收方首先从接收到的原始报文中计算出128位的散列值（或报文摘要），接着用发送方的公开密钥来对报文附加的数字签名进行解密。如果两个散列值相同，那么接收方就能确认该数字签名是发送方的。通过数字签名能够实现对原始报文的鉴别和不可抵赖性。

四、安全防范措施

对于消费者/商家而言，要保证网上交易的安全，可以从以下几方面进行有效防范。

1. 使用的计算机要安全

具体的措施包括有安装防病毒软件（并定期更新病毒库）、安装个人防火墙、给系统和网页浏览器常更新安全补丁程序、不要随意接收QQ等聊天工具中传来的文件、不要轻易打开电子邮件中的附件等。

2. 保证连接的安全

进入网站时先确保网址的正确性。在提交任何关于自己的敏感信息或私人信息，尤其是信用卡号之前，一定要确认数据已经加密，并且是通过安全连接传输的。浏览器和Web站点的服务器都要支持相关协议。

3. 保护自己的隐私

在设置密码时最好采用数字和字母相结合的密码，不要使用容易破解的信息作为密码。仔细阅读电子商务公司的隐私保护条款，这些条款中应该会对他们收集哪些信息和这些信息将被如何使用做详细说明。尽量少暴露私人信息，填在线表格时要格外小心，不是必填的信息就不要主动提供。

4. 不轻易运行不明来历的程序

攻击者常把系统破坏程序换一个名称用电子邮件发给用户，并带有一些欺骗性主题，如"帮我测试一下程序"等。对待这些表面上很友好、善意的邮件附件，我们应该做的是立即删除这些来历不明的文件。

5. 在安全的场所进行支付

最好不要在公共场所使用网络银行和U盾，如网吧、公共图书馆等。每次使用完网络银行后，应该单击页面中相应的"退出登录"按钮正确退出。

上网时不要下载或接收不认识的文件，因为一个压缩包或者一个图片都有可能是一个被伪装过的木马程序；在网购时，要细心核对付款账户及金额，如有异常，应立刻停止支付操作。

21世纪的典型特征之一是"信息经济"时代的到来，信息化的浪潮正在深刻影响着全社会的各个方面。电子商务作为当代信息技术较典型的一个应用，正在彻底地改变着世界和国家的未来，同时给了发展中国家一个在经济领域中和发达国家平等竞争的机会。因此，全社会的每一个成员都应当为推动电子商务发展、建立健全电子商务支付体系而努力，追随时代发展的脚步，为繁荣国民经济、融入世界经济浪潮贡献力量。

第 九 章

移动电子商务

　　随着智能手机、智能手表、iPad等移动网络终端的普及，移动电子商务已经呈爆发式增长，在B2C、C2C领域，移动电子商务交易额更是超过了PC端。农产品电子商务受地域性、诚信度、物流条件等因素影响，以APP、朋友圈为代表的移动电子商务更是迅猛发展，成为移动电子商务的主要内容。移动电子商务将"视觉""动觉""听觉""触觉"四种感应模式有机融合，商家可通过感应并收集消费者的地理位置、所处状态、兴趣爱好等信息，开展针对性的精准促销和服务。本章主要介绍微信营销移动电子商务知识。

第一节 微信朋友圈营销

微信，既是一个消息系统，又是一个交互系统，现已成为我们在移动端的必备沟通工具之一。根据统计，全球微信用户数已超过8.89亿，腾讯移动支付的月活跃账户及日均支付交易笔数均超过6亿。微信不仅为我们提供了更加私密的交友环境，而且企业可以在微信上完成从市场调研到客户管理、客户服务、销售支付、老客户维护、新客户挖掘等的所有工作，它成了移动互联网乃至物联网的入口。

一、个人朋友圈

"未来的营销，不需要太多的渠道，只要让你的产品进入消费者的手机，就是最好的营销。"某世界营销大师对未来营销这样评价。国内移动互联网和微信的快速发展，给予我们的是巨大的营销舞台和展示自己营销思想的机会。微信朋友圈，现已成为人们晒心情、晒活动的社交圈，因为聚集了一群信任度高、相互了解的朋友，因此是口碑营销的最佳场地，而它的高关注度和高转发率为营销提供了快跑和飞翔的机会。

（一）引流

想可持续地加精准粉丝，关键不是拉，而是吸引。通过微信赚钱，做朋友圈营销，打造自媒体是关键，以人为核心是本质，社群运作是重中之重。朋友圈是基于熟人的营销，因此，可以先引入自己身边的朋友，再通过朋友推荐的方式获得精准粉丝。

1. 手机通讯录

先将自己手机通讯录里的朋友通过添加功能加为自己的微信好友，以获得第一批精准种子，如图9-1所示。

2. QQ

微信除了绑定手机号码外，还可以绑定QQ号。如果通讯录里没有某位好友的电话，不妨试试QQ号搜索功能，同样也可以找到他，如图9-2所示。

图9-1 通讯录获取用户

图9-2 QQ号搜索获取用户

3. QQ群

确定目标用户后，可以加相应的QQ群，以找到更多精准粉丝。

4. 自有平台

每个卖家都有多个自有平台，如微博、QQ空间、其他微信账号、网站等，也可以通过这些平台添加微信好友。

（二）内容与技巧

无内容，不营销，这是朋友圈营销至关重要的。如果只是不停地"刷屏"，发一些非原创的、没有内涵和深度的内容，没有互动环节，最后只留下了"圈"，没有了朋友。朋友圈营销不是天天发广告图，不是复制、粘贴别人的文字，而应该具有下面一些基本内容和技巧。

1. 文案基本构架，内容做好定位

1）标题，第一句话决定浏览量，要写得吸引人，或是阐述一个事实。

2）内文，这是对产品的塑造，可以从产品的包装、成分、价格、价值等方面展开描述，这些内容决定成交量。

3）行动主张，这是发朋友圈的最终目的。

文案基本构架展示如图9-3所示。

卖什么产品，提供什么服务，卖家应该清楚。如果卖养生产品，那么客户就是比较注重养生的，则微信内容应该朝这个思路设计，力争把自己在朋友圈里打造成一个养生专家。定位越精准，客户群体才越精准，转化率才越高。粉丝不在于多，而在于精准。

2. 规范文字数量，提供价值信息

对于经营者而言，一条朋友圈的内容不能简单几个字带过，让消费者模棱两可，也不

能长篇大论让人看不下去，文字数量宜控制在102～114个字。经营者必须挖掘产品优势，让消费者愿意去看自己的每一条朋友圈内容。

3. 规范图片数量，巧用小视频

图片能直观地展示产品特征，朋友圈营销要根据消费者心理巧用图片数量。放1、3、6、9张图片能使整个版面整洁、规范，放5、7、8张图片会使版面凌乱，甚至有的消费者因为缺角而感到不舒服，如图9-4所示。

微信的小视频是一个非常好的功能，能让消费者感觉更真实。例如，发货、送货、见了谁，这些环节都可以通过视频的方式发出来。很多人总是说朋友圈里做假的多，如果采用视频的方式把产品及服务展示出来，可信度就提高了，如果经常使用视频，就会使顾客对产品更加有信心，如图9-5所示。

图9-3　文案基本构架展示　　图9-4　规范图片数量　　图9-5　巧用朋友圈小视频

4. 转发图文规则，尽量使用原创内容

朋友圈营销不可能一味地发产品内容，有时也需要融入一些有乐趣的人和事，用来丰富朋友圈的层次。做得好的卖家无时无刻不在思考下一条微信应该如何发，怎么写才能引起粉丝的关注，只有这样，才能经营好朋友圈。原创，可以让人知道你的性格，知道你在用心做事，欣赏你的态度。如果确实需要转发认为好的文章，可以注明出处，并分享当时的感受，如图9-6所示。

5. 发布时间有规律，温柔刷屏

为什么要说温柔刷屏呢？不是不支持刷屏，刷屏没有错，应该怎么做呢？对于朋友圈营销，不刷屏，产品根本卖不动，但是，经营者至少要学会怎么去刷屏。这是一个技巧，也是一个技术活，不能做暴力刷屏者。那么，到底一天多少条微信合适呢？一般4～6条是比较合适的——两条产品广告，两条生活分享，一条情感，尽量采用原创产品内容，其他内容可适量分享。

朋友圈营销在发布时间上也有一定的讲究，早上8：00～9：00、中午11：30～13：30、下午18：00～20：00、晚上21：00～22：30被认为是最佳发朋友圈的时间段。

6. 用好地理位置，学会分享生活

微信朋友圈有一个功能——"所在位置"，这里不仅可以分享自己的地理坐标，而且可以作为一个免费的最佳广告位。朋友圈营销是一个生活化营销，注重情感营销，如果微信朋友圈全是广告，谈何生活，谈何情感。如果顾客都不认识你，怎么跟你买产品，怎么放心找你买东西呢？在朋友圈每天发布一点生活的内容，可以增强与客户的情感，拉近彼此之间的距离。巧用地理位置，可以为微信营销增添色彩，如图9-7所示。

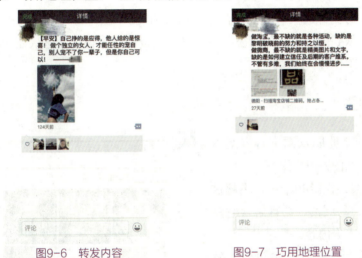

图9-6　转发内容　　　　　图9-7　巧用地理位置

7. 抓住热点，借力营销

信息爆炸的网络社会，天天都有不少新的热点话题出现，经营者如果能抓住某些热点，并与自己的产品融合，营销效果会事半功倍。

二、企业朋友圈

微信朋友圈是大家每天刷新最频繁的地方，企业也将广告的投放盯准了这里。微信广告团队在经过公测后，正式开始接受自助广告投放。

（一）要求

想要在微信朋友圈投放广告，企业首先需要有一个经过认证的微信订阅号或服务号，

并开通广告主功能，如图9-8所示。

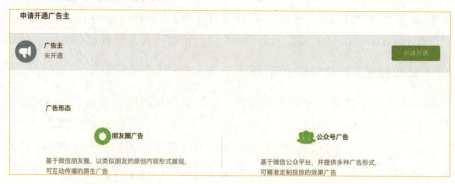

图9-8　开通广告主功能

从注册公众号到开通广告主功能的整个流程需要5个工作日，不过前提是"通过使用企业对公账户打款到微信团队的对公账户支付审核费用"，否则微信认证的审核工作将需要等待最多15个工作日。

（二）标准

一个标准的企业朋友圈广告方案由三个部分组成，如图9-9所示。

1）外层文案：仅限40个字，不超过4行，要求友好、易阅读、易理解，它是朋友圈信息流的广告内容。

2）外层图片：呈现形式和个人发布的朋友圈照片一样，数量限制在1张、3张、4张和6张，满足强迫症用户的需求，也避免出现一堆"9图霸屏"广告。

图9-9　企业朋友圈广告组成

3）详情页内容：类似公众号文章外链，只能跳转至公众号的图文消息，以及自定义HTML5页面。

（三）分享

微信官方称广告受众的选择条件共有六个：性别、年龄、手机系统、联网环境、投放地域、用户兴趣标签。这意味着日后我们不仅会在朋友圈看见宝马、香奈儿的广告，更可能看到跟我们兴趣点相符的一些新产品，这样的改变很明显是向中小型企业倾斜。对于每个用户，微信在48小时内只会推送一个广告，这样的推送限制或许只有微信这种拥有庞大用户基数的生态圈能够实现。也正是由于这样的推送，让不少朋友圈的人找到了自己心仪的产品，同时增加了企业的曝光率和产品的销量。

第二节 公众号营销

一.微信公众平台简介

微信公众平台是腾讯公司在微信的基础上新增的功能模块，通过这一平台，个人和企业都可以打造一个微信公众账号，实现与特定群体进行文字、图片、语音等全方位的沟通与互动。目前微信公众平台支持PC端，并可以绑定私人账号进行信息群发。

二、微信公众账号注册

1）直接登录http：//mp.weixin.qq.com注册微信公众账号，如图9-10所示。

图9-10 注册微信公众账号

2）填写基本信息，如图9-11所示。

图9-11 填写基本信息

3）激活邮箱，如图9-12所示。

4）登记信息，如图9-13所示。

图9-12 激活邮箱

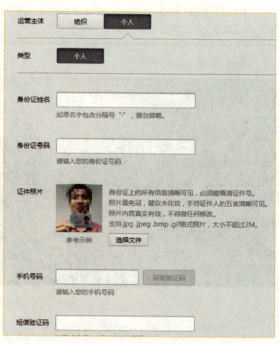

图9-13 登记信息

5）选择类型。

①订阅号。订阅号（见图9-14）主要为用户提供一些资讯和讯息等，如一些新闻媒体等，每天可发1次群消息。

②服务号。服务号（见图9-15）主要用于给用户提供一些服务，每个月可以发4次群消息，可直接加入购物链接，注册时需缴纳一定费用。

订阅号

为媒体和个人提供一种新的信息传播方式，构建与读者之间更好的沟通与管理模式。

图9-14 订阅号

服务号

给企业和组织提供更强大的业务服务与用户管理能力，帮助企业快速实现全新的公众号服务平台。

图9-15 服务号

6）填写公众账号信息。信息提交后，后台会在7个工作日内审核，通过审核前，无法申请认证，也无法使用公众平台群发功能和高级功能，如图9-16所示。

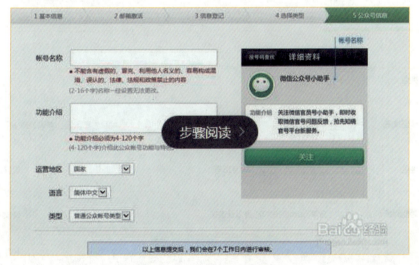

图9-16 填写公众账号信息

7）注册成功，如图9-17所示。

图9-17 注册成功

8）注册成功后进入信息展示页面，如图9-18和图9-19所示。

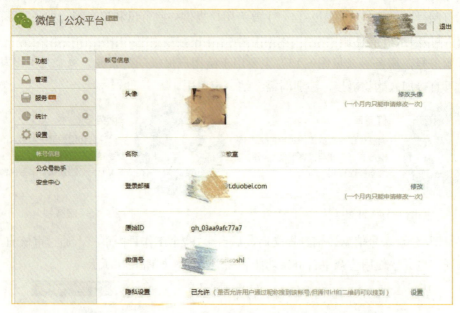

图9-18 信息展示（一）

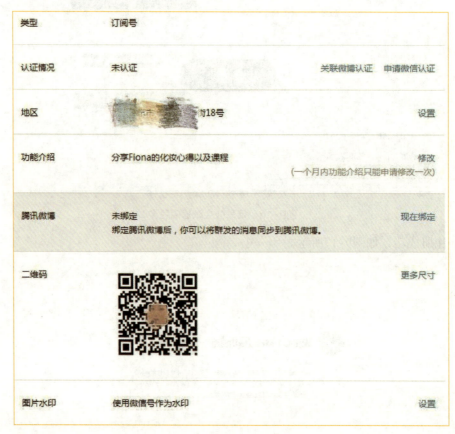

图9-19 信息展示（二）

填写基本信息的注意点：

1）头像要真实、亲切，和公众账号的定位有关。

2）微信号的设计要简单、容易记，不要缩写。

3）功能介绍要好好写，通过扫描二维码等方式关注账号时第一眼就能看到功能介绍。

4）一定要设置水印。

三、微信公众账号运营

微信公众账号的运营看似简单，实则大有学问，好与不好差别巨大。有的企业辛辛苦苦运营了几个月，粉丝寥寥，基本上没有产生任何价值；有的企业则能在短短几个月内聚集几十万粉丝，给企业带来非常大的利益；还有一些企业的粉丝虽少，但足以满足自己的营销目的和需求；也有一些企业粉丝上百万，却没有一点价值。微信公众平台的运营准则是一个微信公众平台能否运营成功的重要依据。

（一）粉丝要精确

"一切以粉丝数量为指标的营销行为都是耍流氓。"粉丝是可以花钱购买的，那些买来的"僵尸粉"对于企业而言完全没有作用，只是一个数字而已。增加粉丝数量是每一个公众账号运营的重要任务，但我们不能盲目地加粉丝，粉丝一定要精准、有效。那么，如何才能让粉丝尽可能有效呢？

例如，对于一个餐饮业的商家，他的目标粉丝是周边5千米的居民。首先，他的公众账号里面有饭店介绍、菜色介绍、每个菜的营养构成、天气预报等功能和微信订餐。此外，他还每天更新附近的一些新闻、家长里短。而在推广方面，他需要充分利用自己店的优势，在桌子、大门上都贴上自己的公众账号二维码，推出微信好友9折优惠的活动，同时设计出几款微信套餐，客人去店内消费，只要将他们店的公众账号推荐给自己的好友，就可以免费享用任意一份微信套餐。这样一来，他的粉丝虽不是很多，但都非常精确，基本上能确定其中80%的人经常去他店里消费，而且新客人的数量天天都在稳定增加。这就是典型的不用软件，不用传统广告，充分利用微信公众平台营销的一个典范。粉丝的精确度提高了，再积极开动脑筋，提高营业额。

（二）内容要丰富

在微信上可以用图文信息、视频、文本去展示内容，但是对于企业而言，展示方式一定要好于现成的方式，这样页面才会是多层次、多角度、绚丽而自由的，再配合诸多实用性和个性定制的功能，就可以彻底告别WAP和APP了。

（三）功能要全面

每一个企业的微信公众账号都是这个企业的全能APP，可用于维护、培养客户，进行品牌展示，促进销售，进行市场调研，完成移动互联网端的所有事情。企业想要在微信上实现营销的最大价值，除了要求内容丰富多彩，还要求功能更全面。

大多数企业需要根据自身的需求定义功能。一般来说，一个企业的微信公众平台可以先有天气预报、翻译、查股票等功能，然后根据粉丝的需求增加平台账号的功能，使其不断全面、完善。如图9-20所示，小米手机根据粉丝需要，增添了热销手机型号查询与介绍、订单查询、售后网点等功能。

图9-20　小米手机公众号功能页面

（四）互动要频繁

做内容丰富、功能全面的微信公众账号的目的是什么呢？是让粉丝乐于去分享我们的微信公众平台账号。如果我们的公众账号只是一个广告"发射器"，粉丝都会避之犹恐不及，怎么会去分享？所以要从内容和功能上让他们感觉到我们的公众账号好用，值得去分享给朋友。如何让粉丝主动去分享呢？首先要频繁地和粉丝互动，互动率越高越好，越"有用"越好。

可以设置一些热门话题来与粉丝进行互动，如春节讨论红包、妇女节讨论女生放假。不过，这些话题太过于普通，我们可以将互动环节与功能结合起来，例如，2013年艺龙旅行网做的"一站到底"的互动游戏就是非常不错的创意。此外，和粉丝互动一定要越简单越好，越容易参与越好。

（五）活动要有心意

将粉丝吸引到平台，并不意味着这些粉丝全部都是我们的潜在客户，他们究竟有哪些更为具体的需求，他们对我们的产品和服务究竟有哪些意见和看法，针对这些内容，我们要定期策划一些有心意的活动，促成与粉丝的互动，让粉丝长期有效。要策划活动，就要展开分析：我们的目标人是怎么样的？他们最需要什么？他们最容易被什么东西吸引？这样有针对性地策划活动，有助于把目标人群吸引到公众平台上来。

再如肯德基的微信公众号，它最大的优势是用优惠券来吸引顾客，除此之外，还会策划一些活动来讨粉丝们的欢心，如图9-21所示。在这个活动里，粉丝们只需要打开链接，回答三道题，便可以轻松领走200K金，用于购买网上或店里某些特定商品，如图9-22所示。

图9-21　肯德基微信公众号发起的活动

图9-22　活动结果

（六）推广要动脑

推广公众账号，首先要让老客户成为我们的粉丝。老客户不仅对企业和产品有一定的认知度和认可度，而且有一定的忠诚度。竞争的激烈让企业不得不倚重于老客户，而且深挖一个老客户比开发一个新客户所需要的成本要小很多。相对于其他媒体而言，微信的最大优势是能让企业与客户零距离接触和一对一沟通，非常有利于企业为客户提供各种服务，尤其是老客户的维护。因此在运营公众账号时，首先应该想办法通过各种方式和渠道将老客户转移到公众平台上来，然后让这些成为粉丝的老客户来推广我们的微信公众平台，再通过他们把公众平台推荐给他们的好友，提高精确的转化率。

此外，要有选择性地瞄准新用户。在推广自己的公众账号之前一定要弄清楚目标用户到底是谁，他们到底在哪里，推广时要做到有的放矢。做微信公众号，我们考虑的是让目标客户扫一扫我们的二维码或者收听我们的微信号，这样他们就被我们"圈"住了，而且可以对他们进行深入的营销，让他们依赖我们。

企业微信公众账号的推广是一件非常需要动脑的事情，要充分挖掘现有资源，同时让粉丝推广给粉丝，让企业微信公众平台的作用稳定、有效扩大。

（七）运营要有计划

运营微信公众账号一定要有周密的计划性，绝对不能盲目，因为企业微信公众账号既代表了企业的品牌形象，又有时效性效果，而且可以不断提高品牌的影响力和时效性效果。

计划内容包括微信公众平台的建设、搭建、阶段性目标策划与执行。微信公众平台的建设和搭建是不一样的，建设是指对平台名称、账号域名、介绍、二维码的设计、认证等基础环节的完善。搭建是关于内容和功能的搭建。阶段性目标策划与执行是指我们要给自己做节点。一般来说，企业可以根据自身情况设置阶段性节点。例如：第一步，老客户是不是都关注公众平台；第二步，我们的推广和活动要以什么为主；以此类推，做到运营有的放矢。

（八）客服要引导

例如，对于某医院的微信公众账号，当有患者在公众平台咨询相关事宜的时候，从他的路径，我们完全可以看出他的需求是什么，所以我们的沟通直接根据其需求展开即可。微信本身是友情性和私密性的个人沟通工具，和手机等联系方式有一样的作用，因此不需要追着对方要联系方式。而微信营销最大的优势是私密性，患者咨询相关事宜的时候，可以从"我和你"的关系这个角度来回答，这样才能把私密性的优势发挥到最大，这才是微信营销客服的要求。

（九）维护要有重点

　　每一个微信粉丝都是企业无比重要的财富，只要他们愿意，每个粉丝都可以很轻松地把企业的微信公众账号推荐给自己的朋友，这些粉丝的精确度和转换率高得无法想象。其实微信公众平台本身是一个非常完善的客户管理系统，我们可以通过备注、分组、标星等各种形式来清晰了解每个粉丝的需求和营销重点。对于企业而言，维护粉丝、维护客户是微信营销的重中之重。

（十）核心是依赖

　　"核心是依赖"是微信营销的根本运营准则，不管是内容和功能，我们都是出于这个目的才去做的。一个企业微信运营是否成功，在于其粉丝对于它的依赖性如何。想抓住微信营销机会的人，必须牢记这个准则。

第十章

农产品包装与配送

互联网的发展为网络购物提供了极大的便利条件，从商品展示到咨询洽谈，从出价购买到支付货款，交易双方通过互联网可以轻松地完成大部分的交易环节，然而，除了虚拟物品以外，实物商品的存储、保鲜、包装、物流配送环节必须要线下完成。农产品的包装与配送不仅是农产品电子商务的最后一个环节，而且影响着农产品电子商务的交易质量和可持续性。

 第一节 农产品包装

包装是品牌理念、产品特性、消费心理的综合反映，直接影响消费者的购买欲。包装是建立产品与消费者亲和力的有力手段。经济全球化的今天，包装与商品已融为一体。包装作为实现商品价值和使用价值的手段，在生产、流通、销售和消费领域中发挥着极其重要的作用。包装作为一门综合性学科，具有商品和艺术相结合的双重性。

农产品包装是指对进入或已经进入流通领域的农产品或农产品加工品采用一定的容器或材料加以保护和装饰。农产品包装是农产品商品流通的重要条件。现代市场营销要求，农产品包装是特定品种、数量、规格、用途等的农产品包装，每个包装单位的大小、质量、材料、方式等应按照目标顾客需求确定。农产品包装的作用是保护农产品，减少损耗，便于运输，节省劳力，提高仓容，保持农产品卫生，便于消费者识别和选购，美化商品，扩大销售，提高农产品市场营销效率。

一、农产品内包装

（一）农产品内包装材料的选择

农产品的内包装就是直接与农产品接触的包装，起直接保护农产品的作用。农产品的包装要符合《中华人民共和国农产品质量安全法》、《农产品包装和标识管理办法》的相关规定。下面对电子商务流通中常见的农产品内包装材料进行介绍。

1. 干杂类农产品

干杂类农产品（如粮食类、中草药类等）受存储、保鲜、运输条件等的制约影响小，内包装一般采用塑料材料、玻璃材料、布料材料、纸材料等材料。

（1）塑料包装材料。塑料包装材料作为包装材料的后起之秀，因其原材料丰富、成本低廉、性能优良、质轻美观的特点，成为近年来发展最快的包装材料。塑料材料作为农产品包装材料的缺点是某些品种存在着卫生安全方面的问题以及包装废弃物的回收处理对环境的污染问题。塑料包装材料的安全性主要表现为材料内部残留的有毒有害物质迁移、

溶出而导致农产品污染。所以一定要选择合格的食品塑料包装材料，如图10-1所示。

（2）玻璃包装材料。玻璃包装材料是指用于制造玻璃容器，满足玻璃产品包装要求所使用的材料。玻璃包装材料具有诸多优点，如有良好的阻隔性能，可以很好地阻止氧气等气体对内装物的侵袭，同时可以阻止内装物的可挥发性成分向大气中挥发，又能较容易地进行颜色和透明度的改变，安全卫生，被广泛用于产品包装，如图10-2所示。

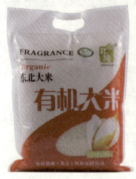       

图10-1　塑料袋包装　　　　　　　　　　　　图10-2　玻璃包装

（3）布料包装材料。布料包装材料一般分为化纤面料和棉纺面料。其中，化纤面料本身的张力好，结实耐用；棉纺面料有透气功能。布料作为包装材料具有柔韧性好的特点，多用于散装颗粒农产品，如图10-3所示。

（4）纸包装材料。纸包装材料（见图10-4）因其一系列独特的优点，在农产品包装中占有相当重要的地位。在某些发达国家，纸包装材料占总包装材料总量的40%～50%，在我国占40%左右。国家标准对农产品包装原纸的卫生指标、理化指标及微生物指标均有规定。

图10-3　布料包装　　　　　　　　　　　　图10-4　纸包装

纸包装材料封口较困难，受潮后牢固度会下降，受外力作用易破裂。因此，使用纸类作为农产品包装材料，要特别注意避免因封口不严或包装破损而引起的农产品包装安全问题。

2. 生鲜类农产品

（1）生鲜水果类农产品包装。生鲜水果类农产品为有机食品，含水量较高，并含有水溶性营养物质和酶类，在整个储存期间仍进行着很强的呼吸活动。生鲜水果类农产品可以选择发泡网、草纸、棉纸、保鲜纸或膜等进行包装（见图10-5），也可以使用可食用的水果保鲜剂。

图10-5　水果的内包装材料

发泡网质轻，具有一定的弹性，有减震作用，特别适合苹果、桃等水果，以及陶瓷、玻璃制品和精密仪器等易损易破物品的包装。草纸、棉纸具有吸水性、透气性，草纸因为质地粗糙，还具有一定的防震功效。

保鲜纸是一种新型实用食品包装材料，它是用二氧化氯强氧化剂作为保鲜剂，将其吸附在沸石等高吸附物质上，并用二氧化氯溶液调制的黏合剂粘接在纸上制成的。由于采用强氧化、安全、无污染、高挥发化合物制成，保鲜纸的杀菌力强，保鲜效果好。保鲜纸的成本低廉，适用性强，可制成袋、盒、箱等多种形式产品。

新鲜时令水果类农产品的内包装盒可以选用泡沫箱或盒，泡沫箱或盒的保温、冷藏性能强，适用于牛排、牛奶、海鲜、水果、蔬菜的储存和运输，如图10-6所示。因为泡沫箱的保温性能好，对于较长时间的运输和配送，还可以在里面加冰进行冷却处理。

图10-6　保温泡沫盒包装

（2）生鲜蔬菜类农产品包装。生鲜蔬菜类农产品为有机食品，含水量极高，在整个储存期间进行着很强的呼吸活动。对于生鲜蔬菜类农产品，可以使用保鲜膜或保鲜盒（见图10-7）包装，也可以加冰做冷却处理，或使用可食用的保鲜剂，最好选择冷链物流。

图10-7　保鲜膜和保鲜盒包装

（3）生鲜肉、腊肉及肉制品类农产品包装。生鲜肉、腊肉及肉制品类农产品要采用真空包装（见图10-8），如果需要冷却处理，最好使用泡沫箱，尽量选择冷链物流。

图10-8　肉制品真空包装

（二）农产品的包装技术

1. 防潮包装技术

商品在流通过程中因空气中的潮气侵蚀会变质、潮解、锈蚀、霉变，为防止上述现象发生，多采用防潮包装技术包装商品。

防潮包装的作用是通过高阻湿性的包装材料减缓或阻隔外界湿气渗入包装内的速度或同时用干燥剂吸收渗透入包装内的水分，保持商品的含水量并延长一定的保存期。目前，一般采用高阻湿性的防潮纸包装或塑料薄膜包装就可达到一定的防湿包装要求，但对防潮包装要求高的膨化食品或其他高级商品还需封入干燥剂以保证食品的风味或脆度等质量要求。图10-9所示为防水牛皮纸铝塑包装。

图10-9　防水牛皮纸铝塑包装

防潮包装主要有两种方法。

1）防止包装容器外的湿气侵入：用低透湿或不透湿材料将产品与潮湿大气隔绝，以避免潮气对产品的影响。

2）控制包装容器内的湿气：主要使用干燥剂，干燥方式有化学干燥和物理干燥两类，用于包装的主要是物理干燥，常见的是硅胶。

2. 防震包装技术

防震包装又称缓冲包装，在各种包装方法中占有重要的地位。产品从生产出来到使用要经过一系列的运输、保管、堆码和装卸过程，被置于一定的环境之中。在任何环境中都会有力作用在产品上，并使产品发生器械性损坏。为了防止产品遭受损坏，需要设法减小外力的影响，防震包装就是指为减缓内装物受到冲击和振动，保护其免受损坏所采取的一定防护措施的包装。

有相当一部分农产品是需要防震的，如新鲜水果等。在选择包装时，除了要选用具有一定承载压力的外包装外，还需要在内部填充一些缓冲材料，如纸屑、纸张、木屑、发泡纸、防震泡沫、防震纸托等，以减少对农产品的损伤，如图10-10所示。

图10-10 防震包装

3. 真空包装技术与充气包装技术

真空包装技术可以减少包装袋内氧气的含量，避免或减少脂肪氧化，抑制某些霉菌和细菌的生长，并具有一定的防震作用。目前应用的有塑料袋内真空包装、铝箔包装、玻璃器皿、塑料及其复合材料包装等。可根据物品种类选择包装材料。由于果品属鲜活食品，尚在进行呼吸作用，高度缺氧会造成生理病害，因此，果品类使用真空包装的较少。例如，块茎类蔬菜、硬质水果、肉及肉制品都可采用此包装技术。

充气包装技术，即气体置换包装，是一种采用不活泼气体（氮气、二氧化碳气体等）置换包装容器中的空气的包装技术。这种技术通过改变密封容器中气体的组成成分，降低氧气的浓度从而抑制微生物的活动，达到防霉、防腐和保鲜的目的。

4. 收缩包装技术与拉伸包装技术

收缩包装技术是一种用收缩薄膜将欲包装物品包裹，然后对收缩薄膜进行有关处理（如适当加热，使薄膜收紧且紧贴于物品）的包装技术。

拉伸包装技术是一种用机械装置在常温下将弹性薄膜拉伸后，将待包装件紧裹的包装技术。

采用这两种包装技术可提高物流效率，方便产品仓储与使用。

二、农产品运输包装

运输包装是指以满足运输、装卸、存储为目的的包装。运输包装的重要特点是在满足物流要求的基础上使包装费用越低越好。为此，必须在包装费用和物流时间的损失之间寻找最优的效果。根据农产的不同特性，运输包装可以选择以下材料。

（一）瓦楞纸箱

瓦楞纸箱（见图10-11）无论是从保护商品的强度还是价钱等因素考虑都是不错的选择。一般情况下，电商可以直接用快递公司的包装箱，但价钱可能不低；也可以自己找印刷厂订制不同规格的包装纸箱，如果量大就能把价格压到最低，减少成本。

图10-11　瓦楞纸箱

瓦楞纸箱包装在功能上具有优越于其他包装的特性，如造型结构的可塑性、刚柔兼备的保护性、包装操作的简单性、美化商品的促销性、流通环节的适应性、包装成本的低廉性、资源利用的有效性、回收利用的方便性、储运费用的节约性等，因此被广泛使用。瓦楞纸箱包装也有一定的缺点，如易潮湿、液体易渗漏、承重能力有限等。

（二）竹篮、木箱

竹篮是用竹子作为材料编织的竹制品，属于绿色环保包装材料，并且可以多次使用。如今竹篮的应用更加广泛，除了传统的用途外还可以作为各种产品的外包装，如图10-12所示。

图10-12　竹制品包装

竹制品可用于粽子包装、月饼包装、大闸蟹包装、水果包装等，替代传统的纸盒包装，既环保又时尚，产品使用完毕后还可作为家居装饰物品和收纳盒，可以说是包装的一次革命。如今越来越多的商家选择竹篮作为产品的外包装，以此吸引消费者眼球，效果明显。

木箱是用木材、竹材或木质混合材料制成的胶质直方体包装容器。木箱是最古老的包装容器，也是一种重要的运输包装容器，它以其制作简单、强度高、就地取材、耐久性好、有一定的弹性、能承受冲击和振动等特点在包装领域具有举足轻重的作用。木箱的价格比瓦楞纸高，但是它的最大优点是可以循环使用，更环保。

（三）塑料包装袋

塑料包装袋是一种以塑料为原材料，广泛用于日常生活及工业生产中各种用品的包装袋。常用的塑料包装袋多由聚乙烯薄膜制成，该薄膜无毒，故可用于盛装食品的快递塑料包装袋等。图10-13所示为专用快递塑料包装袋。

图10-13　专用快递塑料包装袋

第二节　农产品保鲜

保鲜意为保持新鲜，包括储藏、运输和销售等保鲜，通常意义的保鲜指的是蔬菜和水果的储藏保鲜。农产品最大的特点是含水量相当高，极易腐败变质，导致其保存期较短，因此，保鲜技术对农产品的储藏具有重要意义。

一、果蔬采后生理变化与保鲜的关系

（一）呼吸作用与果蔬保鲜的关系

呼吸作用是采后果蔬的一个最基本的生理过程，它与果蔬的成熟、品质的变化以及储藏寿命有密切的关系。

呼吸作用是在酶作用下的一种缓慢的氧化过程，它把果蔬组织中复杂的有机物质（如糖分、有机酸等）分解成比较简单的物质，并释放出大量的能量。呼吸作用所消耗掉的营养物质称为呼吸消耗。呼吸作用所释放的大部分能量转变为热能，即呼吸热。从保鲜角度来说，应尽可能地降低果蔬在储藏中的呼吸作用。

（二）乙烯的生理作用及与果蔬成熟、衰老的关系

果蔬进入成熟阶段以后，不断产生和释放乙烯，当乙烯含量达到一定水平时就开始进入果蔬的成熟过程，促进果蔬成熟。因此乙烯被称为"成熟激素"或"催熟激素"。

果蔬在采后的成熟过程中，会发生一系列的生理生化变化，如果皮颜色的转变、果肉硬度的变化、果实糖分和酸度的变化、果实风味的变化等，在这些变化中，乙烯起着举足轻重的作用。许多研究结果表明，绝大部分呼吸高峰型果实，当自身产生的乙烯或环境中的乙烯积累到一定量时，会诱发果实呼吸强度升高，促使其完熟衰老。所以，乙烯是果实成熟最主要的启动物质。例如，当苹果自身产生的乙烯（内源乙烯）在果肉内积累到0.1毫克/千克时，这一低浓度的乙烯即可诱导果实产生大量乙烯（自催化现象），导致果实很快达到完熟。

二、果蔬保鲜技术

（一）低温储藏

低温储藏是一种比较成熟的方法，已在商业领域推广应用。该方法可分为0℃左右的低温冷藏和低于普遍温度的低温储藏两种。冷藏库需要制冷装置，低温库只要安装通风装置即可，温度应保持在能除去呼吸热的水平上。低温储藏可减少蔬菜的呼吸量，降低生理生化的速度，有减少营养损失、抑制病菌活力的作用。与流通保鲜一样，低温储藏也需要一个冷冻系统，即低温预冷、保温运输和冷柜出售三者配套，使蔬菜在从收获后处理到消费者的整个过程中一直保持低温。日本正在研究堆积通风储藏法，也称为间断换气循环式堆积通风储藏法，这种方法是在低温条件下，利用蔬菜呼吸和蒸腾作用获得高湿和高于大气组成的二氧化碳浓度的条件，同时通过适宜的换气除去乙烯等有害气体和防止过湿现象。此法能保持蔬菜品质的外观，且操作方便，因而受到人们关注。

（二）气调保鲜

气调保鲜是指人为控制气体中氮气、氧气、二氧化碳、乙烯等成分的比例、湿度、

温度（冰冻临界点以上）及气压，通过抑制储藏物细胞的呼吸量来延缓其新陈代谢过程，使之处于近休眠状态，而不是细胞死亡状态，从而能够较长时间地保持储藏物的质地、色泽、口感、营养等基本不变，进而达到保鲜的效果，如图10-14和图10-15所示。即使被保鲜储藏物脱离气调保鲜环境，其细胞生命活动仍将保持自然环境中的正常新陈代谢率，不会很快成熟腐败。

图10-14 气调保鲜库

图10-15 气调保鲜包装

　　相对于传统的冷藏冷冻保鲜而言，气调保鲜是保鲜产业的一场替代性革新。传统的冷藏冷冻保鲜是将温度降至冰点以下，通过抑制微生物的活动而达到保鲜效果。冷冻食物在食用前需先行解冻，因此储藏物的新鲜度、品质、味感和营养均会遭到很大破坏，特别是储藏物脱离冷藏冷冻环境后，其成熟腐败过程会加快，必须尽快食用。

（三）加压、减压保鲜

　　加压保鲜由日本京都大学粮科所研制成功，是一种利用压力制作食品的方法。水果经加压杀菌后可延长保鲜时间，提高新鲜味道，但在加压状态下酸无法发挥作用，因此口感略受影响。

　　减压保鲜法是一种新兴的水果储存法，有很好的保鲜效果，且具有管理方便、操作简单、成本不高等优点。目前，英国、美国、德国、法国等国家已研制出了具有标准规格的低压集装箱，并广泛应用于长途运输水果中去。

（四）微生物保鲜法

　　乙烯具有促进水果老化和成熟的作用，所以要使水果能达到保鲜目的，就必须要设法除去乙烯。科学家经过筛选研究，分离出一种"NH-10菌株"，这种菌株能够产生除去乙烯的"乙烯去除剂NH-T"物质，可防止葡萄储存中发生的变褐、松散、掉粒现象，对番茄、辣椒可起到防止失水、变色和松软的作用，有明显的保鲜作用。

（五）陶瓷保鲜袋

陶瓷保鲜袋是一种具有远红外线效果的水果保鲜袋，主要在袋的内侧涂上一层极薄的陶瓷物质，通过陶瓷所释放出来的红外线可与水果中所含的水分发生强烈的"共振"运动，从而对水果起到保鲜作用。

（六）新型保鲜薄膜

新型保鲜薄膜是日本研制开发出的一种一次性消费的吸湿保鲜塑料包装膜，它由两片具有较强透水性的半透明尼龙膜所组成，并在膜之间装有天然糊料和渗透压高的砂糖糖浆，能缓慢地吸收从果实、肉表面渗出的水分，达到保鲜作用，如图10-16所示。

图10-16　新型保鲜薄膜

（七）可食用水果保鲜剂

可食用的水果保鲜剂是由英国一家食品协会所研制开发的。它是由蔗糖、淀粉、脂肪酸和聚酯物配制成的一种"半透明乳液"，既可喷雾，又可涂刷，还可浸渍覆盖于西瓜、西红柿、甜椒、茄子、黄瓜、苹果、香蕉等表面，保鲜期可长达200天以上。这是由于这种保鲜剂可在蔬果表面形成一层"密封薄膜"，完全阻止了氧气进入蔬果内部，从而达到延长水果熟化过程、增强保鲜效果的目的。

第三节　农产品配送

在商品售出以后，除了要为货物提供安全的包装以外，还需要与一家物流公司合作，以完成运输和配送这一重要环节。

一、物流的配送方式

物流的配送方式有两种：一种是选择第三方物流和货运发货，另一种是自建物流。

（一）第三方物流

第三方物流是指生产经营企业为集中精力做好主业，把原来属于自己处理的物流活动，以合同方式委托给专业物流服务企业，同时通过信息系统与物流企业保持密切联系，以达到对物流全程管理、控制的一种物流运作与管理方式。目前我国第三方物流主要有下面几种。

1. 邮局发货

邮局是网店卖家合作较多的物流部门，选择邮局发货的主要原因是其网点多，目前邮局的网点已经覆盖到了很多偏远的地区和农村。

邮局设有挂号信、平邮包裹、E邮宝和EMS等多种邮寄方式，不同的邮寄方式产生的费用也不同。

2. 快递发货

平邮包裹的到货周期较长，顾客通常要7～15天才能收到购买的商品，由于淘宝网的交易采用支付宝等代收款的方式，顾客在没有收到货物之前不会确认收货并通知支付宝放款给卖家，因此，到货周期决定了商家的回款周期。

通过快递公司发货，对于周边城市，一般可以做到"今发明至"，对于国内大中城市，到货时间也只有2～3天。快递公司采用门对门收发货的方式，并提供网上查询物流进程的服务，因此很多卖家和顾客都选择了这种物流方式。

3. 门对门收发货

包装好货物以后，可以通过互联网搜索到自己周边地区设有网点的快递公司的官方网站，然后在快递公司的网站上查找当地快递服务网点的联系方式，寻找离自己最近的网点。

联系好要合作的快递公司，并索要快递单，填写之后便可打电话通知快递公司，他们便会派人上门收件。每天有稳定发货量的商家，通常都有长期合作的快递公司，他们一般不需要电话通知便会每天按时来收件，非常方便、省时省力。

卖家可以和快递公司议价，降低快递费用。现在快递公司的竞争也非常激烈，很多快递公司害怕失去稳定客户，往往会给卖家提供优惠的价格发货。

4. 在线查询物流进程

发货后，客户可以在快递公司的网站查询物流的配送进程，只要输入运单号码，即可在线查询物流信息，如详细的收件、运输和送件信息。现在几乎所有的电子商务平台提供在线查询物流功能。

（二）货运发货

货运发货包括公路运输、铁路运输和航空运输这三种类型，短途一般采用公路运输和铁路运输，长途采用铁路运输和航空运输。

货运公司与邮局和快递公司的计费方式有很大的区别，邮局是以500克为一个计费单位，快递公司通常是以1千克为一个计费单位，货物的总运费是由一个计费单位乘以单价来决定的，而货运公司的计费单位虽然是千克，但这个千克数并不是磅秤计量出来的，而是通过计算"体积重量"确定的，有的时候，这个千克数甚至是用米尺"量"出来的。

"体积重量"的标准公式是：货物的体积重量（千克）=货物的体积［长（厘米）×宽（厘米）×高（厘米）］/6 000，也就是说，6 000平方厘米体积的货物要按1千克来计算运费，换算过来，1立方米体积的货物要按照167千克计算运费。按照物理重量与体积重量择大计费的原则，如果货物的重量小而单位体积偏大，如棉花、纺织工艺品等，那么应当测量货物的体积，根据以上公式计算出体积重量，然后将货物的实际重量与体积重量做比较，"择大录取"作为计费重量，乘以每千克的运输价格就得出了应收运费。

（三）自建物流

第三方配送企业存在服务差、商品丢失损毁和货款回收周期长等诸多问题，京东、唯品会、凡客和1号店等有条件的电子商务企业自建物流可进一步提升自身品牌。同时，电子商务自建物流体系本身是一个相对独立的运营系统，实行市场化运作，甚至依据自身发展情况还可以对外承接其他企业的业务，其本身完全能够成为一个独立的盈利企业。而且，除了降低配送成本提升服务质量外，众多电子商务发力物流领域是在为日后自建物流提供保证。

对于农村电子商务来说，要想建立一个成熟的平台，并拥有自己的物流团队还远远不成熟，农村电子商务自建物流立足点应该是区域配送这种配送方式。

对于更多的时令性强的新鲜果蔬及肉制品，这些农产品的物流配送能选择的第三方物流公司很少，一般的快递公司无法满足冷链物流的要求，而具备冷链物流的快递公司收费又相当高，无法实现价格策略，那么在一定的经济区域内建立属于自己的物流体系显得很有必要，因此区域配送是众多商家的不二选择。

农村电子商务区域内自建物流可以考虑将各个社区、超市、小区等资源整合，在合理的经济区内划分若干个网点作为农产品的集散点，也可以是一个线下的体验馆（OTO电子商务模式），实现门到门服务或用户在最近网点自提等多种配送服务。

二、淘宝网的推荐物流

淘宝网的飞速发展固然与目前的巨大人气、商流有关，但其对物流的重视也是其大发展的一个"法宝"。在国内的电子商务网站中，淘宝网在物流方面是做得非常深入的。

身为电子商务企业的淘宝网，"轻公司"将是其努力的目标，因此，虽然没有自己的物流体系，但淘宝网也在探索着自己独特的物流策略——推荐物流，即淘宝网与物流公司签约，签约的物流公司进入淘宝网的推荐物流企业行列，这些物流企业便可直接通过与淘宝网对接的信息平台接受其用户的订单。

三、物流工作流程

一笔完整的交易包括售前、售中和售后流程，物流工作又分为物管和物流两个部分，从农产品的仓储管理售前环节即开始开展工作，到售后打印货单、凭单出库、装箱发货、追查快件等，物流工作都贯穿始终，形成一个完整、连贯的工作流程。

当一个订单产生后，我们可以通过后台的"交易管理→发货"选项来查看未发货的订单以及发货中的订单，也可以查看已发货订单的记录，如图10-17所示。

图10-17 查看发货记录

在"物流工具"里可以设置运费模板，针对不同重量的产品以及不同的地区可以设置不同的费用。在编辑宝贝详情页时，可以按照不同产品的重量选择对应的运费模板，可以非常简单、明确地让买家看到邮寄到当地的快递费用，如图10-18所示。

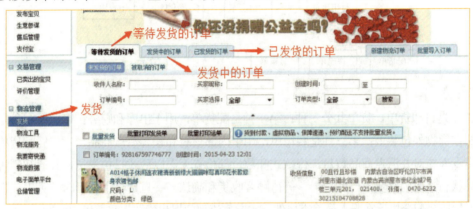

图10-18 设置运费模板

在工作流程的衔接上，物管承担的是部分售前的准备工作，商品一旦销售出去，接下来的工作流程如图10-19所示，销售人员要确认订单、确认付款和收货地址，做好订单备注，然后通知负责物流人员来安排下一步的工作。

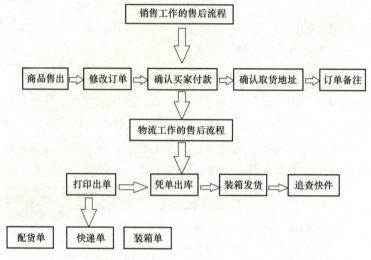

图10-19　销售与物流工作的衔接流程

首先是打印货单，货单共分三种：第一种是配货单，用于出库和财务销账；第二种是快递单，贴在货物外包装上；第三种是装箱单，用于内部核对和顾客清点商品。库房凭配货单来配货，由专人核对并清点商品数量，待款式和数量都检查无误以后才打包发货，并通知销售人员将交易状态修改为"卖家已发货"，等待顾客收货和确认。一旦货物出现延时、丢失或损毁，物流人员还要配合售后客服人员追查快件，并向物流部门提出索赔，妥善解决问题。

第四节　农产品退换货

一、农产品退换货的规定

（一）七天无理由退换货

2014年3月15日正式实施的《中华人民共和国消费者权益保护法》规定，除特殊商品外，网购商品到货之日起七天内无理由退货。

《网络交易管理办法》第十六条规定，网络商品经营者销售商品，消费者有权自收到商品之日起七天内退货，且无须说明理由，但下列商品除外：消费者定做的，鲜活易腐的，在线下载或者消费者拆封的音像制品、计算机软件等数字化商品，以及交付的报纸、期刊。

（二）天猫店对于退换货的相关规定

天猫店对七天无理由退换货服务是有申请条件的：

1）买家在签收商品之日起七天内（按照物流签收后的第二天零时起计算时间，满168小时为7天）发起申请；买家在七天内已要求卖家提供"七天无理由退换货"服务而被卖家拒绝，或无法联系到该卖家，或卖家中断其经营或服务。

2）买家的申请在形式上符合相关法律法规的规定。

3）申请金额仅以买家实际支付的商品价款为限。

4）买家提出"七天无理由退换货"服务申请的商品需满足相关条件，详见《商品类目与退换货条件》，在天猫网站上可以查到相关信息。

农产品不同于工业品，相当一部分退换货后就不能再进行二次销售，所有商家在做出退换货承诺之前更应该慎重，以下收集了天猫店可能会涉及的农产品不支持"七天无理由退换货"服务的条目：

1）水产肉类、新鲜蔬果、熟食不参加"七天无理由退换货"服务。

2）汤圆、水饺、冷面、奶酪、月饼、巧克力等速冻、易腐类食品不支持"七天无理由退换货"服务。

3）鲜花、绿植类鲜活商品不支持"七天无理由退换货"服务。

二、控制农产品退货比例

农产品特别是鲜活农产品，原则上是不能退换货的。但是如果是商家农产品质量本身有问题，或因包装缺陷、物流因素等原因造成农产品无法被部分或完全消费，这时候不考虑退换货是毫无意义的，下面介绍两种处理方式。

（一）部分退款

部分退款是当客户收到产品时，非客户因素产品少部分不能正常消费时采取的一种补偿方式。例如，配送给客户的新鲜水果，因为物流装卸、包装、水果成熟度等诸多因素，客户收到后发现坏了五分之一，在和客户充分沟通并得到客户谅解后，退还给客户五分之一的货款是行之有效的方法。

（二）全额退款或重新发货

全额退款或重新发货是当客户收到产品时，非客户因素大部分或全部不能正常消费时采取的一种补偿方式。例如，配送给客户的新鲜水果，因为物流装卸、包装、水果成熟度等诸多因素，客户收到后发现绝大部分或全部已经不能被消费时，在和客户充分沟通后，采取全额退款或重新发货的方式。

退货带来的损失不仅仅是商品的损失，重要的客户购买体验及口碑的损失，如果客户对处理措施不满意，将伤害一大群客户。据实际调研的数据显示，不少农产品电商退货比例达到了10%，好一点的也有6%的比例，这样的退货比例带来的损失是不容忽视的。控制农产品电商退货比例要从诸多因素着手，如严格把控农产品的质量、包装，并监管好物流。